上司・先輩のホンネ×新人の言い分

新人の行動は上司・先輩からこう思われている！
それに対する新人の言い分とは？　新人としてすべきことを考えよう。

Case 01

挨拶しない新人

上司・先輩のオドロキ

知らないうちに席にいて、帰りもいつの間にかいなくなってる。最近の新人は挨拶もできないの？

新人の言い分

みんな忙しそうでタイミングがつかめず、声をかけづらい。空気を読んでるつもりなんですけど…

“空気を読んだ”新人と上司・先輩との考えにはギャップが。では、新人はどうすればいい？ ▶▶▶▶

Case 01 挨拶しない新人

挨拶で空気は読まなくていい！

円滑な人間関係を築くためには、「自分から」話しかけることが大切。特に挨拶はコミュニケーションの基本中の基本です。自分の中では、相手が取り込み中だとか、ひとり先に帰るときに目立ちたくないといった理由があっても、はた目から見れば「挨拶ができない常識知らずの新人」としか思われません。どんな状況でも、ひと言挨拶をされることまで嫌がる人はいないのです。若手らしい元気な挨拶を心がけましょう。人間関係はそこからスタートします。

【会社・職場に望むことランキング】

1位　人間関係がよい
2位　能力の発揮・向上
3位　公平な評価・処遇
4位　給料が増える
5位　快適な職場環境

人間関係を重視している結果に。しかし、新人はコミュニケーションの方法がわからず、悩みの原因になる場合も。（データ提供：三菱 UFJ リサーチ＆コンサルティング（株）教育事業本部セミナー事業部 東京「平成 20 年度新入社員セミナーアンケート結果」より）

人間関係は挨拶から！ 自分から声をかけて働きかけよう

Case 02

電話に出ない新人

上司・先輩のオドロキ

電話が鳴りっぱなしでも、取ろうとしない。悪いとも思っていないようだし、一体どうなってるの？

新人の言い分

新人の自分には電話がかかってこないし、何か聞かれてもわからない。それよりも、自分の仕事で忙しいんです！

新人が電話に出るのは当然！　という上司・先輩だが…。では、新人はどうすればいい？ ▶▶▶▶

Case 02 電話に出ない新人

電話対応は会社を知るツール

職場にかかってくる電話の相手を知らない、言われた内容がわからないなどの理由から、苦手意識があることも新人が電話に出ないことの一因です。しかし、まだ仕事で大きな成果を出せない新人だからこそ、忙しい上司や先輩に代わって電話に出るべきです。電話に出ることにより、取引先や社内の人を早く覚えることができます。内容がわからなければ、まわりの人に聞けばいいこと。それがコミュニケーションにもなり、職場の仕事内容を知るためのツールにもなるのです。

【つい注意したくなる新入社員の行動ランキング】

１位　無断欠勤する

２位　休憩時間を平気でオーバーする

３位　電話に出ない・気づかない

４位　挨拶をしない

５位　軽薄な言葉遣い

非常識な行動が目立つが、中でも新人が電話に出ないと不満を漏らす職場は多い。社会人としてというより、大人としての意識の低さを強く感じられる結果に。(データ提供：goo ランキング)

電話対応は仕事の
基本！　新人が積極
的に出て対応すべき

Case 03

失敗に拒絶反応を起こす新人

上司・先輩の
オドロキ

繊細過ぎるのか、ちょっとした失敗や注意にすぐに落ち込む。ひとりで仕事する自信がないとも言い出した…

新人の
言い分

自分に自信を持っていたけど、社会に出て喪失気味。失敗したら評価に響くし、何より怒られたくない…

失敗したくないのは誰もが同じだが、怖がっていては NG。では、新人はどうすればいい？

Case 03 失敗に拒絶反応を起こす新人

失敗は「ホウ・レン・ソウ」で防げる！

新人の失敗など上司からすれば想定内のこと。習うより慣れろで、実際の仕事の中で、わからないことを相談させたり、トラブル解決に助言することによって、新人を一人前に育てようと考えているものです。頼まれた仕事を断ったり、アドバイスを素直に受け入れられないほうが、よほど悪印象になります。ひとりでやれと任された仕事でも、独断で仕事を進めず、細かなホウ・レン・ソウ（報告・連絡・相談）をしていれば、たとえ失敗があっても早く対処ができ、被害も軽く済みます。

【仕事をしていく上で不安なことは？】

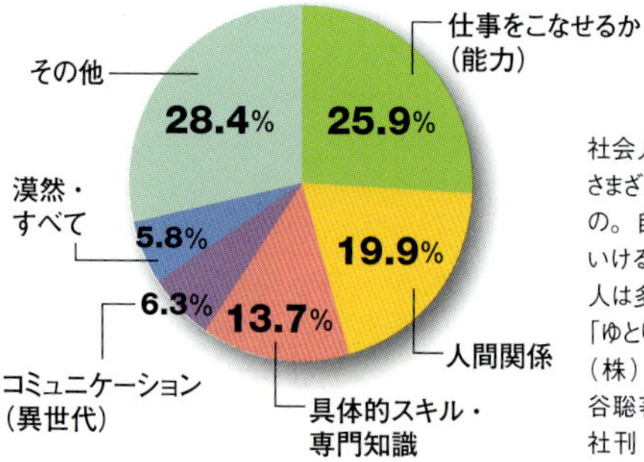
仕事をこなせるか
（能力）
25.9%
人間関係
19.9%
具体的スキル・
専門知識
13.7%
コミュニケーション
（異世代）
6.3%
漠然・
すべて
5.8%
その他
28.4%

社会人になることに対し、さまざまな不安を感じるもの。自分は仕事をやっていけるのかなど心配する人は多い。（データ提供：「ゆとり社員の処方せん」（株）ウィル・シード池谷聡著、朝日新聞出版社刊　新入社員向けアンケートより）

失敗を恐れては何も
始まらない。
トライ＆エラーが
君を成長させる！

Case 04

おしゃれすぎる新人

上司・先輩のオドロキ

今年配属された新人の服装はホストみたいに派手だ。おしゃれだと言うが、何か不快…

新人の言い分

ドレスコードには触れていないし、おしゃれな服装のほうが印象がいいはず。

※ドレスコードとは会社ごとの服装に関する規定のこと

新人はよかれと思っているのに、上司から評判の悪い服装。では、新人はどうすればいい？ ▶▶▶▶

Case 04 おしゃれすぎる新人

まわりに合わせるのも大事

身だしなみのポイントは、清潔感、動きやすさなどの機能性のほか、まわりとのバランスも重要です。例えば、お役所のような地味な服装のほうが多い職場に、高級ブランドのおしゃれなスーツを着て、下請けの新人が営業に行ったら、場違いですし偉そうにも見えます。不快感を与えてはいけません。業界や職種によってもふさわしい服装は違いますが、配属初日は無難なリクルートスーツで行くこと。そこで、まわりがどのような格好をしているか確認し、職場に合わせていきましょう。

【身だしなみの基本ポイント】

スーツ	紺やチャコールグレーが好印象
シャツ	基本は白。アイロンはかかっているか
ネクタイ	シャツと同系色に濃淡をつけるとまとまる
靴下	スーツと調和しているか（白はNG）
髪型・髭	髪は自然な色で、髭はきちんと剃る
靴	汚れてなく、きちんと磨かれているか

初日は無難な格好にすべし。社内のルールを確認してから工夫をしていこう

Case 05

個人主義の新人

上司・先輩のオドロキ

飲み会にはつき合わないし、チームの仲間がトラブっていても知らん顔。チームワークって言葉があるでしょう！

新人の言い分

職場は仲よしクラブや、かばい合いの場じゃないと思いますが…。各自が責任を全うすることが大事なのでは？

上司・先輩がウェットなのか、新人がドライなのか…。では、新人はどうすればいい？ ▶▶▶

チームで仕事をする意義

仕事において各自が責任感を持つことは当然重要。その上でチームで仕事をすることにも意義があります。量的に多くの仕事をこなせるのはもちろん、各人の短所を補い合い、それぞれの長所を思い切って伸ばし発揮することで、質的にも個人では上げられない成果を望めるのです。利益追求に基づいて合理的にチームが協力することもできなくはないですが、やはり感情の部分で協力の度合いは変わってくるもの。特に教えられたり助けられたりすることが多い新人は、率先してコミュニケーションの機会を得る努力が必要です。

【足りない部分を補う】

人間は得意もあれば不得意もある。お互いに足りないパーツを補うようにフォローし、弱点を補強していこう。チームとして力を合わせれば、組織として力がついていき、トラブル対処や成果の達成に強い存在になれる。

チームの中にいるからこそ自分の可能性を広げることができる

Case 06

給料が不満な新人

上司・先輩のオドロキ

入社１年目から給料が少ないと愚痴ばかり。仕事がまだまだなのに、何を言っているのか…

新人の言い分

バイトのほうが効率よく稼げてた。入社前から支給額はわかっていたけど、割に合わない気がする！

仕事がつらいのに、見合った収入がないと嘆く新人。では、新人はどうすればいい？ ▶▶▶▶

Case 06 給料が不満な新人

仕事を教わっている自覚を

初任給は安いもの。学生時代のアルバイトのほうが収入が多かったという人もいるでしょう。しかしそれは、あなたがまだ高給をもらえるような、クオリティーの高い仕事をしていないから。それでも会社は、新人が成長し自社の大切な戦力になってくれるのを期待して、給料を支払い、研修などにコストをかけてくれているのです。むしろ新人は、給料をもらいながら勉強をさせてもらっている立場。早く仕事を習得し、成果を上げていく努力をすることに集中しましょう。

【あなたの働く目的は？】

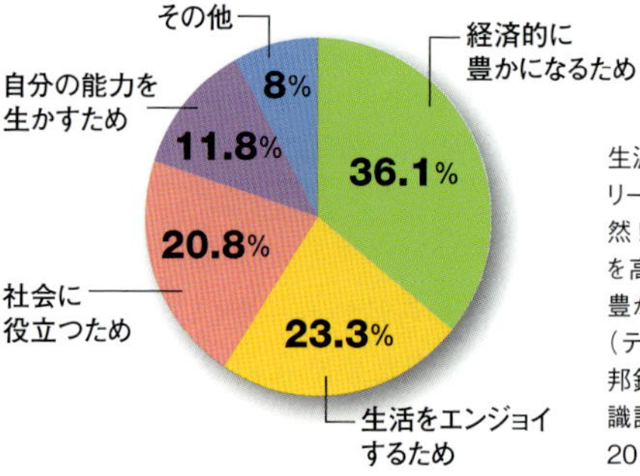
その他
8%
経済的に豊かになるため
36.1%
自分の能力を生かすため
11.8%
社会に役立つため
20.8%
生活をエンジョイするため
23.3%

生涯賃金を考えれば、フリーターと社員の差は歴然！ いかに自分の価値を高めるかが経済的な豊かさにつながっていく。（データ提供：（株）東邦銀行「新入社員の意識調査について」平成20年5月実施より）

お金にだけ捉われずに給料をもらいながら勉強できると考えて

Case 07

プライドが高い新人

上司・先輩のオドロキ

雑務を頼むと「納得できない」と理由を求められる。アドバイスしてもそのとおりにしないし、扱いづらい！

新人の言い分

就職活動で自分はデキると自信を深めた。どんどん意見を言って会社を改革するつもり！

自信や意気込みを持つのは悪いことなのか？
では、新人はどうすればいい？ ▶▶▶▶

Case 07 プライドが高い新人

謙虚さがある新人が伸びる

就職試験などで自分を積極的にアピールし、内定を取りつけて自信を深めた新人が、同じ調子で配属先の職場で「アピール」し続けたら大変です。仕事の実績も経験もない新入社員が、上司や先輩の考えを否定するような言動をとることは、まわりの感情を害する一方で「なるほど」と納得してもらえることは期待できないでしょう。半人前と見られていることをよく肝に銘じて、注意やアドバイスを素直に聞き入れる謙虚な姿勢が、周囲からの協力を得て、引き立ててもらうために必要です。

【上司・先輩の言葉は素直に吸収】

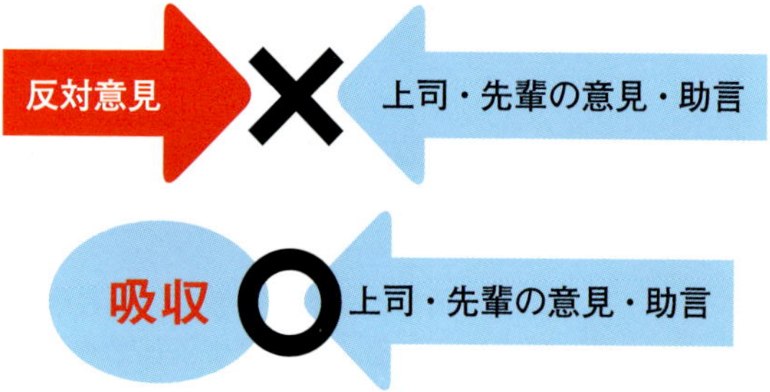

反対意見
×
上司・先輩の意見・助言
吸収
○
上司・先輩の意見・助言

自分はまだまだ社会人として、知識も経験も足りていないことを忘れずに。上司や先輩のアドバイスを素直に聞くこと。

就活の経験が終わりではない。今が社会人スタートだ

Case 08

「やりたいこと」しか興味がない新人

上司・先輩のオドロキ

「やりたいことと違うから」と異動の相談を受けた。それ以前に、まだ何もやってないも同然だろう？

新人の言い分

面接や研修で「やりたいこと」を聞かれてアピールしてきた。希望部署でないなら、自分のためになると思えない

与えられた仕事がやりたいことと違うと嘆く新人…。では、新人はどうすればいい？ ▶▶▶▶

まずは会社に認められる

就職活動を通して、「この会社ならば自己実現できる!」と張り切って入社したら、実際に与えられた業務はまったく別のもので、イメージと違っていたということはあります。しかし、会社は個人の理想をかなえるところではなく、社会に貢献しながら利益を上げるところ。今の仕事で会社に認められ、その上で会社の方向性に基づいて働きかけなければ、希望は通らないのです。成長の機会は与えられるものではありません。自ら仕事を買って出て、その中で成長していきましょう。

【会社に期待することは何?】

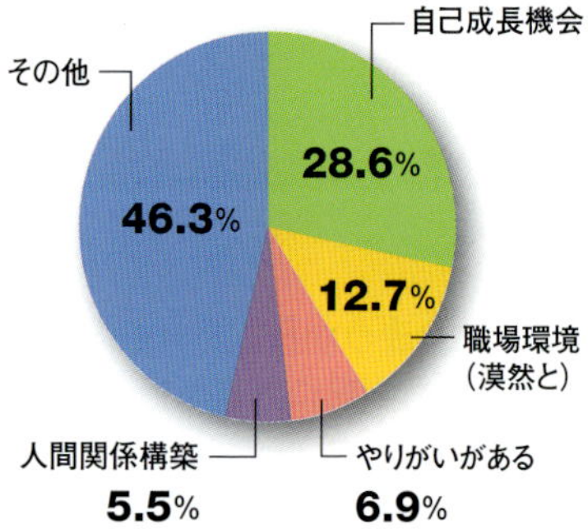
自己成長機会
28.6%
その他
46.3%
12.7%
職場環境
(漠然と)
人間関係構築
5.5%
やりがいがある
6.9%

黙っていても会社が与えてくれると期待するのは甘え。利益追求の中から、自ら見つけ出す、作り出す努力が必要(データ提供:「ゆとり社員の処方せん」(株)ウィル・シード池谷聡著、朝日新聞出版社刊　新入社員向けアンケートより)

やるべきことを考えて
認められる努力を

ビジネス・スキルが
BIZ MARU
ビジマル
まるまるわかる!

（一歩先を行く!!）

新人力
トレーニング

株式会社ウィル・シード
池谷聡 監修
Tadashi Ikegaya

TAC出版

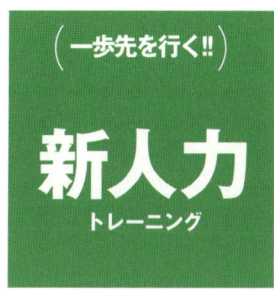

はじめに

「新人」の時期は、専らサービスを受ける立場であった学生の身分から一転して、自分からまわりに働きかけなくては認められない立場に変わる、社会人生活の中でも最も大きな変化を迎える重要な時期です。この時期に身につけた考え方や基本行動が、社会人生活を左右するといっても過言ではないでしょう。会社の上司や先輩たちはあなたに対し、ともに戦う仲間として早く一人前になってほしいと期待をしています。だからこそ、あなたには「まわりの期待に応える」ことが求められるのです。

新人が最初に期待される要素は下記の３つです。

・ビジネスパーソンとしての基本的な行動とコミュニケーションが取れること
・職場で良好な人間関係を築き、基本作業を任せてもらえる信頼を得ること
・積極的に仕事に取り組む向上心があること

それらができれば、職場で認められて、さまざまな仕事を任されるようになり、その結果として自分のスキルアップや成長につながるのです。

この最初の転換期を乗り越え、充実した社会人生活が送れることを心から願っています。本書が上の３つの要素を備えるための一助となれば幸いです。

株式会社ウィル・シード　池谷　聡

contents ▶▶▶

上司・先輩のホンネ×新人の言い分

ホップ編 第2章 アクション初級トレーニング

ステップ編 第3章 コミュニケーショントレーニング

本書の使い方

誤りの選択肢にも解説文をつけ、新人力向上のための注意点を示しています。

該当ページは色つき表示にしています。どの項目を読んでいるのかわかります。

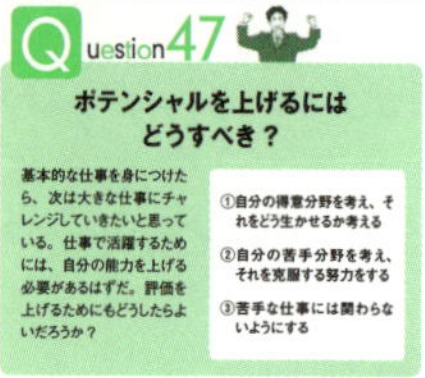
Question47

ポテンシャルを上げるには どうすべき？

基本的な仕事を身につけたら、次は大きな仕事にチャレンジしていきたいと思っている。仕事で活躍するためには、自分の能力を上げる必要があるはずだ。評価を上げるためにもどうしたらよいだろうか？

①自分の得意分野を考え、それをどう生かせるか考える
②自分の苦手分野を考え、それを克服する努力をする
③苦手な仕事には関わらないようにする

ひと目で内容が理解できるよう、図解やイラストでポイントを紹介しています。

前ページの解答

前ページの問題文に対する解答を紹介しています。

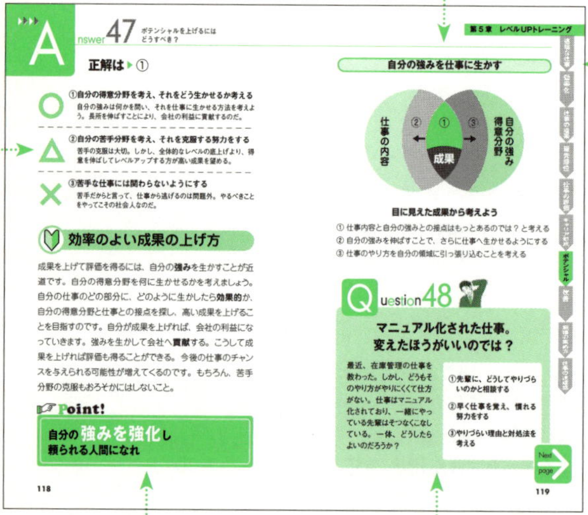
Answer47 ポテンシャルを上げるには どうすべき？

第5章 レベルUPトレーニング

正解は ▶ ①

○ **①自分の得意分野を考え、それをどう生かせるか考える**
自分の強みは何かを問い、それを仕事に生かせる方法を考えよう。長所を伸ばすことにより、会社の利益に貢献するのだ。

△ **②自分の苦手分野を考え、それを克服する努力をする**
苦手の克服は大切。しかし、全体的なレベルの底上げより、得意を伸ばしてレベルアップする方が高い成果を望める。

× **③苦手な仕事には関わらないようにする**
苦手だからと言って、仕事から逃げるのは問題外。やるべきことをやってこその社会人なのだ。

効率のよい成果の上げ方

成果を上げて評価を得るには、自分の**強み**を生かすことが近道です。自分の得意分野を何に生かせるかを考えましょう。自分の仕事のどの部分に、どのように生かしたら**効果的**か、自分の得意分野と仕事との接点を探し、高い成果を上げることを目指すのです。自分が成果を上げれば、会社の利益になっていきます。強みを生かして会社へ**貢献**する。こうして成果を上げれば評価も得ることができる。今後の仕事のチャンスを与えられる可能性が増えてくるのです。もちろん、苦手分野の克服もおろそかにはしないこと。

Point!
自分の強みを強化し
頼られる人間になれ

118

自分の強みを仕事に生かす

目に見えた成果から考えよう
① 仕事内容と自分の強みとの接点はもっとあるのでは？と考える
② 自分の強みを伸ばすことで、さらに仕事へ生かせるようにする
③ 仕事のやり方を自分の領域に引っ張り込むことを考える

Question48

マニュアル化された仕事。変えたほうがいいのでは？

最近、在庫管理の仕事を教わった。しかし、どうもそのやり方がやりにくくて仕方がない。仕事はマニュアル化されており、一緒にやっている先輩はそつなくこなしている。一体、どうしたらよいのだろうか？

①先輩に、どうしてやりづらいのかと相談する
②早く仕事を覚え、慣れる努力をする
③やりづらい理由と対処法を考える

Next page

119

この項目のまとめになっています。

Q&Aの始まりはここ！

ここが次の設問です。正解が 1 つとはかぎりません。

※目次のページ番号は Question のある位置と対応しています

基礎編

序章

基礎ビジネス力チェックテスト

あなたのビジネス力は
現在どのくらいありますか？
ここでは、基礎的なビジネス力を
チェックしていきましょう。

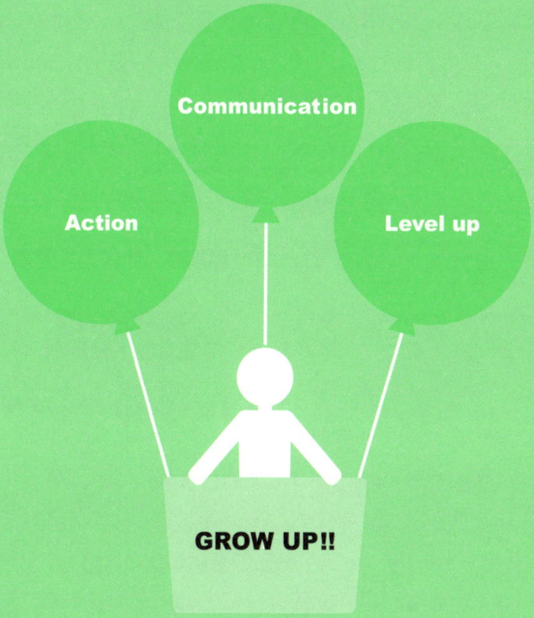

社会人に必要なこととは…？

学生時代を終え、社会人として新たな世界へ飛び込むことに対して、期待とともに不安を抱いてる人は多いのではないでしょうか？

これからは、対価としての給料をもらうために、会社に貢献していかなければいけません。まわりから信頼してもらえるように仕事をするためには、社会人としての基本的な能力を養うことが前提として必要です。特にコミュニケーション力や、社会人として当たり前の基本行動ができる能力（アクション力）、そして向上心を持って積極的に仕事に取り組めるレベルアップ力が大切です。

新人である今だからこそ、これらの基本的な能力をしっかりと身につけることが重要になります。

ビジネス力の基礎要素

コミュニケーション ▶▶	協調性・発信力・愛嬌
アクション ▶▶	基本行動習慣 主体性・責任感
レベルアップ ▶▶	意欲・受容性・学習習慣

上記の基礎要素を身につけ、社会人として成長していこう。

次のチェックテストで、現在の基礎ビジネス力をテストしましょう。点数が足りなかったところは、その後の章でトレーニングし、能力アップを図っていってください。

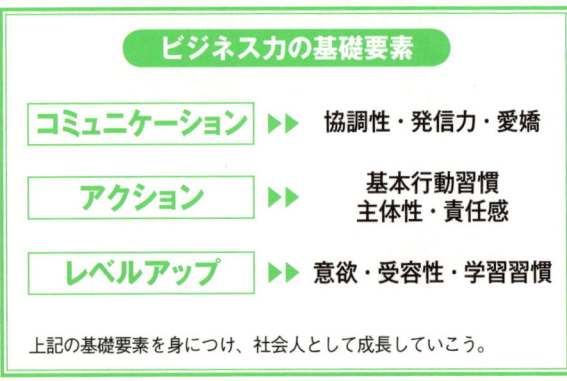

Check コミュニケーション力

Q1	初対面の人とは何を話していいかわからない	□
Q2	会話中に、気がつくと自分の話ばかりしている	□
Q3	人と意見が対立すると、最終的に一方（か両方）が嫌な気分で終わる	□
Q4	あまり親しくない人とは会話が長く続かない	□
Q5	目上の人や年が違う人に自分の意見を伝えるのが苦手	□
Q6	メールやネット上のやりとりでのほうが、雄弁である	□
Q7	人と一緒に食事をしたり出かけたりするのは気が重い	□
Q8	仕事は人間関係よりも実務能力がずっと大事だと思う	□
Q9	静かな雰囲気の中では、大きな声で挨拶ができない	□
Q10	用事がある人に、話しかけるタイミングがつかめないことがよくある	□
Q11	詳しく話したつもりなのに、相手にちゃんと伝わっていないことがある	□
Q12	人と話しているときに「ちゃんと聞いてるの？」と言われることがある	□
Q13	自分が興味のない話は早く終わらせようとする	□
Q14	目上の人に「生意気だ」と思われているようだ	□
Q15	叱られたり、きついことを言われた人に苦手意識を持ってしまう	□

チェックした数をカウントして診断結果へ

Next page

Result　コミュニケーション力チェック

☑ 1個以下のあなたは

コミュニケーション力 三ツ星 レベル

あなたは人間関係の大切さを十分に理解しています。自分の意見を伝えることはもちろん、相手の気持ちや意見も尊重できる、素晴らしいコミュニケーション力を持っているようです。本書の基礎編・ホップ編でおさらいをし、ステップ編以降でレベルアップをはかりましょう。

☑ 2個以上9個以下のあなたは

コミュニケーション力 二ツ星 レベル

基本的なコミュニケーションは取れるものの、苦手な相手には面倒だと感じてしまうあなた。コミュニケーションにおいては、歩み寄りの姿勢も大切です。「自分が」と自分のことばかりを優先するのではなく、相手のことを考えながら話をすること。相手を想像することにより、豊かな人間関係を築きましょう。

☑ 10個以上のあなたは

コミュニケーション力 一ツ星 レベル

あなたは人との接し方がよくわかっていないようです。人と話すのが恐いと思ったり、面倒だと思っていて、人間関係に対して苦手意識が強いのかもしれません。まずは相手の話をきちんと聞くことから始めましょう。それには積極的に自分から話しかけてみて。そこから人とのつながりは広がっていくのです。

Check

アクションカ

Q1	失敗をするのが嫌で、初めて取り組むことや、やり方をイメージできないことを避けてしまう場合が多い	□
Q2	調べものや計画に時間をかけないと、行動に移れないほうだ	□
Q3	自信がないことを人に相談するのは恥ずかしく、結局独断でやってしまう	□
Q4	同期のライバルに、やろうと思っていたことの先を越されることが多い	□
Q5	「あれはもうやったの？」と人からよく心配される	□
Q6	教えてくれないことは、できなくても仕方がない	□
Q7	幹事役などまわりの世話をする役割はやりたくない	□
Q8	手をこまねいている間に課題が山積みになってしまう	□
Q9	任されたことなのに「勝手なことをするな」と叱られてしまう	□
Q10	何につけ責任を持たされるのは苦痛だ	□
Q11	職場には定時のギリギリに着く	□
Q12	「あの時ああしていれば」と後悔することが多い	□
Q13	途中で面倒になって投げ出した経験が一度ならずある	□
Q14	雑用は拒否したい（または嫌々やる）	□
Q15	「空気が読めない」「気配りが足りない」と言われる	□

チェックした数をカウントして診断結果へ Next page

Result

☑ 1個以下のあなたは

アクション力 強 レベル

あなたは行動力が非常にあり、物ごとに対して臨機応変に対応することができます。仕事に対しても責任感が強く、意識がとても高いといえます。積極的に動くことができるあなたは、高い評価を受けられるでしょう。本書でおさらいとレベルアップをはかり、周囲から頼られる存在になりましょう。

☑ 2個以上9個以下のあなたは

アクション力 中 レベル

言われたことはやるけれど、それ以外の面倒なことに対しては腰が重くなりがち。もっと責任感を持ちましょう。そういう気持ちがあれば、自然と行動を起こさざるを得なくなります。決められたこと以上の行動を積極的にしていけば、周囲はあなたに信用を置くようになり、次第にあなたのことを認めるようになるでしょう。

☑ 10個以上のあなたは

アクション力 弱 レベル

自分を守ることに固執して、人のせいにする傾向があります。そのような他力本願では前に進むことができません。失敗や間違いを恐れずに、とにかく「動く」ことが大切です。まずは自分から一歩を踏み出してみましょう。その一歩があなたを大きく成長させてくれるきっかけになるのです。

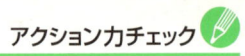

Check

レベルアップ力

Q1 ひとつ作業を終えるごとに「次は何をやろう」と考え始める □

Q2 就業時間以外はすべて趣味や娯楽、休息に充ててかまわない □

Q3 仕事のアイデアがあっても、面倒なことになりそうなら提案しない □

Q4 今の状態のまま、食べていければ満足だ □

Q5 人に貸しを作るのも、借りを作られるのも嫌いだ □

Q6 人の話や本の情報で、違うことを言われると混乱する □

Q7 プレッシャーを感じるので、人から期待されたくない □

Q8 失敗するとしばらく立ち直れない □

Q9 最近、新聞やニュースをチェックしていない □

Q10 大きな目標はあるが、何から取りかかればいいのかわからない □

Q11 自分が楽しめる飲み会にしか行かない □

Q12 他人のミスによるトラブル処理まで手伝う余裕はない □

Q13 こうと思い込むとまわりが見えなくなる □

Q14 単純な作業は意味がないのでやりたくない □

Q15 本・映画・講演など、自分の見たものの感想は批判的になりがちだ □

チェックした数をカウントして診断結果へ

Next page

Result　レベルアップ力チェック

1個以下のあなたは

レベルアップ力 高 レベル

あなたは新人としての仕事をこなすだけでなく、さらにその上を目指そうとする意識が非常に高いです。自分本位の仕事のスタンスではなく、自分のすべきことを十分に理解できています。頭の中だけでの意気込みにならないように、本書で基本能力の見直しや、具体事例での対応力を磨いていきましょう。

2個以上9個以下のあなたは

レベルアップ力 中 レベル

まずまずのレベルアップ力です。さらに成長するためには、冷静さと客観性が大切。広い視野を持てば、仕事全体を見渡すことができます。そうすれば自ずと大切なこと、やるべきことが見えてくるでしょう。周囲と自分との意見のすり合わせをしてください。それがあなたを成長へと導いてくれるのです。

10個以上のあなたは

レベルアップ力 低 レベル

計画的に物ごとを捉えるのが苦手なようです。自分の思い通りに事が運ばず、イライラしたりするのでは。自分が任されている仕事をもう一度見つめ、整理してみましょう。「何が大切か」を考えることによって、物ごとの順位をつけていくと、整理整頓ができ、スマートに仕事ができるようになります。

ホップ編

第1章

コミュニケーション 初級トレーニング

**ビジネスでは、多くの人と関わることになります。
職場でよい人間関係を築くために、
まずは社会人としての協調性を高める
トレーニングをしていきましょう。**

- Q01 気遣い
- Q02 上司からの評価
- Q03 周囲の観察
- Q04 依頼する
- Q05 話を聞く
- Q06 ほめられる
- Q07 叱られる
- Q08 話しかける
- Q09 同期のグチ
- Q10 新人の立場

Question01

忙しそうな先輩に、ひと声かけるとしたら？

朝早く出社すると、A先輩が既に忙しそうに仕事をしていた。先輩は毎朝始業1時間前には出社して仕事をしているという。挨拶するときに、先輩にひと声かけるとしたら？

① 「毎朝がんばっていますね！ さすがです！」

② 「何かお手伝いすることはありますか？」

③ 「仕事第一って感じでカッコイイです！」

Next page

Answer 01 忙しそうな先輩に、ひと声かけるとしたら？

正解は ▶ ②

× **①「毎朝がんばっていますね！　さすがです！」**

「がんばっている」「さすが」は、上から評価している印象の言葉。気遣いをしているつもりでも、相手に対して失礼。

○ **②「何かお手伝いすることはありますか？」**

気遣いは姿勢で示すとよい。忙しそうな人には「大変そうですね」などのマイナス発言ではなく、プラス発言をしよう。

△ **③「仕事第一って感じでカッコイイです！」**

仕事第一の人ならいいが、そうでない人に言うと「仕事以外には興味がないの？」という嫌味だと思われてしまうことも。

正しい「気遣い」とは

社会において人間関係は大切。**円滑な関係**を築くために、相手にひと声かける**気遣い**を持つようにしましょう。しかし、時にはよかれと思って言った言葉が、相手を嫌な気持ちにさせていることがあります。大切なのは、**相手の立場**になって考えること。日頃の会話で「これを言うと、相手はどう感じるだろう」と意識することによって、自然と「相手が喜ぶ言葉」と「失礼な言葉」の判別がつくようになります。まずは、相手の気持ちを考えるという発想を持ちましょう。グッと相手との距離が縮まります。

Point!

人間関係づくりは
相手の気持ちを考えることから！

気遣いは言葉遣いから

上司や先輩は友達ではない。普段使っていた言葉が、相手に失礼がないかどうか、改めて見つめなおしてみよう。

Question 02

上司の何気ないひと言でプライドが傷ついた。どう返す？

入社して３か月経ったある日、部長に「新人は仕事ができないものだ。とにかく、がんばりなさい」と声をかけられた。仕事にも慣れてきて特に失敗した覚えもないが…。どう答える？

①毅然と「そんなことはありません！」

②真面目に「どこができていませんか？」

③笑顔で「はい、がんばります！」

Next page

Answer 02 上司の何気ないひと言でプライドが傷ついた。どう返す？

正解は ▶ ③

× **①毅然と「そんなことはありません！」**

普通の新人より仕事ができることをアピールしても、声をかけただけの部長には反抗的に見え、自信過剰だと思われる。

△ **②真面目に「どこができていませんか？」**

直属の上司にダメ出しをされている場合なら○。しかし、この場合声をかけられただけなので、食い下がるところではない。

○ **③笑顔で「はい、がんばります！」**

大切なのは笑顔。新人らしく、笑顔で謙虚な姿勢を示すと「この子は素直にアドバイスを聞くことができるな」と好印象。

新人らしい態度

学生の頃、いくら優秀だったとしても、新人は社会人としてはまだまだ未熟。仕事は言われたことを処理するだけではありません。上司を成長のヒントをくれるパートナーと考え、**笑顔と謙虚な姿勢**でよい印象を持たれるよう心がけましょう。自信満々の新人より、がむしゃらにがんばっている新人の方が、上司は好印象を抱くもの。笑顔で「まだまだ**勉強不足**なのでがんばります！」と**新人らしい姿**を示しておくと、「あの子はがんばっているな」とかわいがってもらえます。自信過剰にならず、さらなる成長を目指しましょう。

Point!

好印象は笑顔と謙虚な姿勢から！

笑顔と謙虚な姿勢

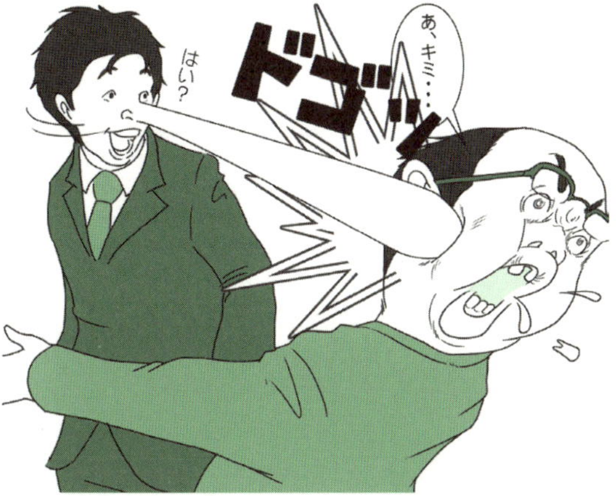

「自分は仕事ができる」と天狗にならないように。新人らしく笑顔と謙虚な姿勢で過ごそう。

Question 03

苦手な先輩と二人きり…どうしよう？

ちょっと苦手なＤ先輩。ある日、一緒に帰ることになってしまった。何を話していいかわからず気まずい雰囲気…。こんな状況にならないようにするには、どうすればいい？

①帰るタイミングをずらすようにする

②友達と盛り上がったネタを覚えておく

③日頃の先輩の髪型や服装を覚えておく

Next page

Answer 03 苦手な先輩と二人きり…どうしよう？

正解は ▶ ③

× **①帰るタイミングをずらすようにする**

苦手な人とのコミュニケーションを避けていると、仕事上の協力関係も築けない。好き嫌いなどの感情を持つのは早い。

△ **②友達と盛り上がったネタを覚えておく**

話のネタがあるのはよいこと。しかし、あまり交流のない相手に、自分の話ばかりしても相手にとっては退屈である。

○ **③日頃の先輩の髪型や服装を覚えておく**

苦手な人ほど、日頃から観察を。相手の服装や持ち物など、話題にしやすいところから相手について触れるとよい。

まわりの人に興味を持つ

職場の人間関係は、苦手だからといって拒むことはできません。新人は、「相手のことをよく知らないから」という理由で、**苦手意識**を持ってしまうことも。まだよく知らない相手に叱られた、話しかけたのに相手にされなかったなどは、たまたま起こった不快な体験が生む先入観で、**話してみたらいい人だった**ということがよくあります。円滑な人間関係を築くために、苦手な人ほど日頃から**観察**して、その人が何に興味があるのかを知り、会話に生かしましょう。仮にうまく話せなくても、関係を作ろうという姿勢が相手に伝わることが大切です。

Point!

苦手意識の原因は
コミュニケーション不足！

観察力が、人間関係を築くきっかけに

日頃から周囲の人を観察しよう。「誰が、何に興味があるか」を知っておくと、会話のネタに使える。

Question 04

上司に同じことを
もう一度聞くとしたら…

B課長から先日教えてもらった指示内容をすっかり忘れてしまった。確認しないと仕事が進まないが、課長に怒られそう…。もう一度、説明してもらいたいときの正しい言葉遣いとは？

①「再度うかがってもよろしいでしょうか」

②「わからなかったので再度教えてください」

③「すみません、もう一度教えてください」

Next page

Answer 04 上司に同じことをもう一度聞くとしたら…

正解は ▶ ①

○ ①「再度うかがってもよろしいでしょうか」

忘れてしまったら、丁重に謝って聞くしかない。「先日教えていただいたのですが…」と添えるとより丁寧な印象に。

× ②「わからなかったので再度教えてください」

自分の非を隠そうとして、相手の説明不足のように言うのは論外。本当にわからなかったのなら、その場で聞くべき。

△ ③「すみません、もう一度教えてください」

「～ください」という言い方は、依頼だけでなく指示にも使う言葉。一見丁寧だが少し乱暴な言い方だ。

言葉遣いに注意

言葉遣いは、新人にとって難関の一つです。言い方をちょっと間違えただけで、相手を怒らせてしまうこともあります。特に、目上の人に依頼をするときは、言葉遣いに気をつけましょう。**「～よろしいでしょうか？」「～していただけますか？」**と謙虚な姿勢でおうかがいする言い方にすると好印象です。「～してください」と言い切ってしまうと、強いニュアンスになってしまい、相手に悪い印象を与えてしまいます。相手の気持ちを**尊重**し、失礼のない言葉遣いを心がけて、円滑な人間関係を築きましょう。

Point!

依頼するときは
謙虚な姿勢と言葉遣いで

気をつけたい言葉遣い一覧表

✕上から目線の言葉

「さすがですね」→ \OK!/「すごいですね」

「ご苦労さまです」→「お疲れ様です」

「頭いいですね」→「尊敬します」

✕若者言葉

「私的には～」→ \OK!/「私の意見としては～」

✕あいまい言葉

「５時頃までに伺います」→ \OK!/「５時までに伺います」

✕ストレートすぎる言葉

「わかりません」→ \OK!/「わかりかねます」

「～してください」→「～していただけますか？」

Question05

自慢話が好きな上司。正しい聞き方は？

仕事でわからないことがあり、Ｂ課長に相談をしていた。すると課長が、「俺が新人だった頃はな…」と自分の成功談を自慢げに話し始めた。どんな態度で話を聞くべき？

① じっと相手の目を見て黙って聞く

② 「へー」などとこまめにあいづちをうつ

③ 「すごいですね！」とわかりやすく反応する

Next page →

Answer 05 自慢話が好きな上司。
正しい聞き方は？

正解は ▶ ③

✕ **①じっと相手の目を見て黙って聞く**

黙っていたのでは、「自分の話を聞いてるのか」と相手は不安に思ってしまう。何かしらのリアクションをすること。

△ **②「へー」などとこまめにあいづちをうつ**

あいづちは大切だが、いちいちあいづちをうっていると単調になりがち。「聞き流してるな」と相手に思わせてしまう。

○ **③「すごいですね！」とわかりやすく反応する**

興味や感動を伝える言葉やリアクションをタイミングよく発すると、「熱心に聞いてくれる」と相手に喜んでもらえる。

「聞く力」を鍛える

「会話上手は聞き上手」という言葉があります。人は誰でも自分の話を聞いてくれる人に対して好感を抱くもの。「聞き上手」になるためには、あいづちやうなずきなどの**リアクション**が重要です。また、あいづちやうなずきをしながら、話の要所で「すごいですね！」などわかりやすく反応すると、相手は「この人は自分の話を聞いてくれてるな」と安心し、話しやすくなります。会話とは、声・表情・身振りなどのリアクションをして**双方向的**にするものだという意識を持てば、相手との心の距離を縮めることができるでしょう。

Point!

聞き上手はリアクション上手

絶妙な合いの手が会話を盛り上げる

あいづちのタイミングや強弱・内容次第で、相手が気持ちよく話せるかどうかが決まるもの。

Question06

珍しく上司にほめられた！

「お客さんのニーズを聞き出すのが、前より上手になったな。成長したじゃないか」とＢ課長にほめられた。今まで課長にほめられたことがなかったので、すごくうれしい。そんなとき、どう返す？

①素直に「ありがとうございます！」

②照れて下を向き「それほどでも…」

③気を緩めずに「いえ、まだまだです」

Next page

Answer 06 珍しく上司にほめられた！

正解は ①

①素直に「ありがとうございます！」

○ ほめられたときは素直に受け止めよう。「ありがとうございます」と言われると、相手もうれしい気持ちになる。

---

②照れて下を向き「それほどでも…」

× 明らかにうれしそうに「それほどでも」と言うのは愛嬌があるが、下を向いてしまうと愛想が悪いと思われてしまう。

---

③気を緩めずに「いえ、まだまだです」

△ 謙虚な姿勢はよいが、少しかわいげがない。素直に喜べる柔軟さも大切。

素直に喜ぶ

ほめられるということは、相手があなたを認めてくれたということ。「自分の言葉に喜んでもらいたい」という相手の気持ちを**素直**に受け止めて、こちらも**感謝**の気持ちを返しましょう。「いえ…」といった否定的な言葉より、**「ありがとうございます」**を口癖にすると◎。「ありがとう」という言葉は、相手を喜ばせるだけでなく、自分自身をも**ポジティブ**にします。また、「○○課長のおかげです。これからもよろしくお願いします！」など周囲に対しても感謝の気持ちを伝えると、よい人間関係を築くことができます。

Point!

「ありがとう」が
いい人間関係を作る

喜ばれるのは素直な態度

成長したな！
いえ…じ…自分、不器用ですから
コチ
コチ
コチ
コチ

ほめられたときは、謙虚になりすぎず素直に喜ぼう。「ありがとうございます！」と感謝の言葉を伝えると相手も喜ぶ。

Question07

先輩に相談したのに、上司に叱られた

A 先輩に相談して進めていた案件で、トラブルが発生。先輩の助言に従ったのだが、それを知らない上司はあなたを責めている…とりあえずすべきことは？

①とにかく謝罪する

②状況を説明する

③ A 先輩の責任もあると匂わす

Next page

Answer 07 先輩に相談したのに、上司に叱られた

正解は ▶ ①

○ **①とにかく謝罪する**

どんな状況にせよ、ミスはミス。素直に謝ろう。A 先輩がそれを見ていれば、自発的に助け舟を出してくれることも。

△ **②状況を説明する**

最初に伝えようとすると言い訳に聞こえてしまう。まずは謝ること。状況・原因説明は相手に求められてからでいい。

× **③ A 先輩の責任もあると匂わす**

例え事実だとしても、人のせいにするのは NG。上司への印象は悪くなり、A 先輩は二度と助けてくれなくなる。

言い訳は、火に油を注ぐ

トラブルが発生したときは、まずは**心からの謝罪**をすること。言い訳や他人に責任をなすりつけるのは**厳禁**です。言い訳は、相手の怒りをさらにヒートアップさせてしまいます。どんな事情があったにせよ、状況や原因説明は謝罪の後にしましょう。また、同じミスを繰り返さないように、**「今後このようなことがないように、○○するように意識します」**と改善案を示すと、「もう一度チャンスを与えてみよう」と上司からの信頼回復のきっかけになります。ミスを再発させないためにも、**失敗を忘れない**ようにしましょう。

Point!

「まずは謝罪」が
信頼の早期回復になる

言い訳は厳禁

叱られたときは素直に謝ろう。言い訳するのは、子供じみた行動。「でも」「だって」は最悪のフレーズ。

Question08

上司が忙しいとき相談するには？

B課長に指示された仕事でちょっと確認したいことがある。しかし今、課長は忙しそうで、話しかけると迷惑になるかも…。課長に失礼がないように相談するには、何と声をかければいい？

① 「確認したいことがあるのでお願いします」

② 「○の件で、２～３分だけよろしいですか？」

③ 課長の仕事がひと段落するのを待つ

Next page

気遣い
上司からの評価
周囲の観察
依頼する
話を聞く
ほめられる
叱られる
話しかける
同期のグチ
新人の立場

Answer 08 上司が忙しいとき相談するには？

正解は ▶ ②

× ①「確認したいことがあるのでお願いします」

時間に余裕があるときならいいが、急に「お願いします」と言い切るのは、強圧的な印象に。忙しい相手への配慮に欠ける。

○ ②「○の件で、２～３分だけよろしいですか？」

忙しい相手に急きょ時間を作ってもらうときは配慮が必要。用件や概算時間を言って、相手に判断してもらおう。

△ ③課長の仕事がひと段落するのを待つ

上司に気を遣うのは大事だが、忙しそうだからとタイミングを逃すと、仕事が遅れてしまう可能性もある。

相手の都合を確認しよう

忙しい職場で、急に時間をとられるというのは迷惑なもの。上司だけでなく、先輩や同僚の場合でも**配慮**が必要です。新人が上司・先輩に相談するのであれば、用件を要領よく伝え、至急かどうかも含めて**相手に判断**してもらいましょう。「そんな小さなことに時間をとらせるのか」というトラブルとともに「そんな大事なことをどうしてすぐ相談しないのか」というトラブルも防ぐことができます。話しかけるときも**「お忙しいところすみません」**などと相手に配慮していることが伝わるように言いましょう。

Point!

相手の状況に配慮した
話の持ちかけ方をしよう！

配慮が伝わるクッション言葉集

お忙しいところすみません。
少しだけお時間いただいてもよろしいでしょうか。

恐れ入りますが、
もう一度おうかがいしてもよろしいでしょうか。

申し訳ございませんが、
今回は遠慮させていただきます。

大変恐縮なのですが、
お願いしてもよろしいでしょうか。

お手数をおかけしますが、
よろしくお願いいたします。

ご迷惑とは存じますが、
ご協力お願いいたします。

Question 09

同期がグチをこぼしている。どうする？

同期のＣ君がミスをしてしまい、上司に怒られてしまった。反省はしているようだが、かなり落ち込んでいる様子で、あなたにグチをこぼし始めた。どのように接すればいい？

①ダメだった点を指摘してあげる

②ひたすら話を聞き、共感してあげる

③そっとしておくのが一番

Next page

Answer 09 同期がグチをこぼしている。どうする？

正解は ▶ ②

× **①ダメだった点を指摘してあげる**

ミスをした人は反省をしている。話を蒸し返すのは、再び相手を落ち込ませ、人間関係を悪くするので逆効果。

○ **②ひたすら話を聞き、共感してあげる**

聞き役に徹して、胸の中にたまっているものを吐き出させよう。話し終われば、相手はスッキリし、感謝してもらえる。

△ **③そっとしておくのが一番**

そっとしておくのも思いやり。しかし、相手が話を聞いてほしそうなときは、耳を傾けてあげよう。

同期は支え合える仲間

同期入社の同僚は、上司や先輩に言えないような悩みを気軽に打ち明けられる**大切な仲間**です。落ち込んでいる同期がいたときは、話を聞いてあげましょう。また、グチは吐き出ししてしまえば**スッキリ**するものなので、「そうだよね」「気持ちわかるよ」と共感している態度を取ること。人は、自分を受け止めてくれる人に好感を持つので、より深い人間関係を築けます。もし、あなたが落ち込んだときは、きっと同期が助けてくれます。相手を受け止める**包容力**を持って、支え合える関係を築きましょう。

Point!

相手がグチを言うときは
聞き役に徹しよう！

時には聞き役に徹して、友情を育もう

グチ
グチ
グチ
グチ
グチ
グチ
グチ
グチ
グチ
たまってるのね…

誰にでもグチを言いたいときはある。同期が話を聞いてほしそうだったら、耳を傾けてあげよう。

Question 10

教わっていないことでミスして叱られた

指導役のＡ先輩に「自分は外出するので、発注書を作って送っておいて」と頼まれた。しかし、書式の書き方で教わっていない点があり、発注書を作らずに先輩の帰りを待っていたら、まだ終わっていないのかと叱られた。どう考える？

①教わっていないことを勝手にやるよりはよい

②知らなかったことを責められても困る

③もっといい対処法があったはずだと反省

Next page

Answer 10 教わっていないことでミスして叱られた

正解は ▶ ③

△ **①教わっていないことを勝手にやるよりはよい**

でたらめな発注書を外部に送るよりはマシだが、仮の発注書を作っておくなり、自分ができることはやるべきである。

× **②知らなかったことを責められても困る**

「指示待ち人間」では高い評価は得られない。上司や先輩はサービス係ではないので、お客様意識は捨てること。

○ **③もっといい対処法があったはずだと反省**

別の上司や先輩にやり方を聞く、間違いがないか確認してもらうなど、自分からアクションを起こすことはできたはず。

新人の立場とは

「新人なんだから、仕事を教えてもらって当たり前」という**“お客様意識”**になっていませんか？　社会人は会社や社会に**貢献**してはじめてお給料がもらえるということを忘れてはいけません。上司や先輩はあなたのお助けマンではないのです。

また「新人が自分勝手に仕事を進めてはいけない」というのは間違ってはいませんが、**積極的**に仕事をしなくては評価されません。指示を待っているのではなく、**「ホウ・レン・ソウ（報告・連絡・相談）」**を利用して、積極的にまわりに働きかけていきましょう。

Point!

お客様意識を捨て
自分からまわりに働きかけよう！

脱“お客様意識”

お客様意識
プロ意識
先輩、○○の件でご相談があるのですが…

「教えてもらって当たり前」というのは学生まで。給料をもらっているという意識を忘れないようにしよう。

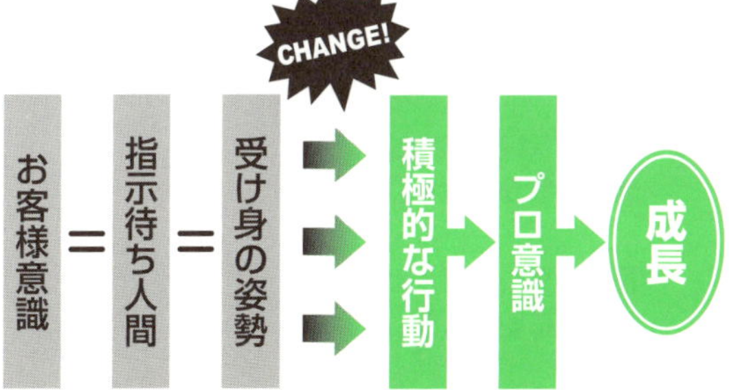
CHANGE!
お客様意識
=
指示待ち人間
=
受け身の姿勢
積極的な行動
プロ意識
成長

お客様意識のもとになっている「受け身の姿勢」を「積極的な行動」に変えることで、プロ意識が芽生え、自身の成長につながる。

第1章
まとめ

人間関係づくりは
相手の気持ちを考えることから！

好印象は笑顔と謙虚な姿勢から！

苦手意識の原因は
コミュニケーション不足！

依頼するときは
謙虚な姿勢と言葉遣いで

聞き上手はリアクション上手

「ありがとう」が
いい人間関係を作る

「まずは謝罪」が
信頼の早期回復になる

相手の状況に配慮した
話の持ちかけ方をしよう！

相手がグチを言うときは
聞き役に徹しよう！

お客様意識を捨て
自分からまわりに働きかけよう！

ホップ編

第2章

アクション 初級トレーニング

新人は社内でも目立つ存在です。あなたの行動は多くの上司・先輩に見られていることを自覚しましょう。やる気のない態度や行動は先輩や上司に伝わります。まずは、初歩的な行動力を身につけるトレーニングをしましょう。

- Q11 初出勤
- Q12 挨拶
- Q13 電話
- Q14 仕事への意識
- Q15 帰社のタイミング
- Q16 悩み相談
- Q17 自分の利益
- Q18 組織とは
- Q19 補助業務
- Q20 飲み会

Question 11

初出勤の日。始業時間の何分前に行けばいい？

今日はいよいよ初出勤。余裕を持って出勤したいところだが、早く着きすぎても迷惑をかけてしまいそう。こういうときは一体どれくらい前に出勤しておけば失礼にならない？

①始業時間の少し前に到着するようにする

②始業時間の10分前に到着しておく

③始業時間の30分前に到着しておく

Next page

Answer 11

初出勤の日。始業時間の何分前に行けばいい？

正解は ▶ ③

×

①始業時間の少し前に到着するようにする

交通遅延などトラブルがあって遅くなる可能性も考えよう。初日に遅れては印象も悪いし、自分もパニックに。

△

②始業時間の 10 分前に到着しておく

ただ出勤したというだけでなく、好印象を与えたいところ。注目されている日なので、先輩より遅くならないように。

○

③始業時間の 30 分前に到着しておく

社内の人に「早く来て張り切っているな」と思わせる時間に行く。社会人としての意識の高さもアピールできる。

早めの行動が大切

初日は、新人に対して社内の人が最も**注目**している日です。なるべく、仕事への意識の高さを行動に表すようにしましょう。また、突発的な**アクシデント**が発生しても問題ないように早めに行動しておくことが大切です。初日は先輩の**出勤状況**を確認し、2 日目からの出勤時間を決めると、社内での調和を乱すことなく出勤することができます。いずれにしても初日は新人を紹介したいなど受け入れる先輩も気を遣う日です。円滑な社会人生活のスタートが切れるように先輩達への**配慮**も心がけましょう。

Point!

早く出勤するようにして
社会人としての意識の高さをアピール

社内の出勤状況を把握する

先輩達の出勤時間を把握し、２日目以降の出勤時間を設定しておくようにする。

Question 12

挨拶をしていない先輩にはどのタイミングですればいい？

配属先も決まり、部内でひと通りの挨拶を済ませた後、外出先から先輩が戻ってきた。戻ったばかりで、まだ忙しそうにしているので挨拶のタイミングがつかめない。どうすべき?

①とにかく挨拶をしに行く

②話しかけられる雰囲気になるまで待つ

③他の先輩に紹介してもらえるようにお願いする

Next page

Answer 12 挨拶をしていない先輩にはどのタイミングですればいい？

正解は ▶ ①

○ **①とにかく挨拶をしに行く**

コミュニケーションの始まりは挨拶から。自分から積極的に存在をアピールするようにする。

× **②話しかけられる雰囲気になるまで待つ**

「挨拶に来ない」と誤解されたり、待つうちにまた出かけてしまったりと、タイミングを逃す前に挨拶をする。

× **③他の先輩に紹介してもらえるようにお願いする**

指導役の先輩だとしても、そこまでは面倒を見てくれない。この段階で引っ込み思案ではコミュニケーション能力に問題が。

挨拶は自分から積極的に

新人は、自分から挨拶するのが基本です。相手に対して自分のことを知ってもらうきっかけ作りになるので、積極的に行うようにしましょう。新人は社内でも**目立った存在**です。そのために周囲はあなたの行動をよく見ています。コミュニケーションは挨拶から**スタート**します。ですから、コミュニケーションが苦手な人ほど、自分から挨拶をする強い意識を持つようにしてください。今後の円滑な人間関係を築いていくためにも、積極的な挨拶を心がけて自分の存在を周囲に**アピール**していきましょう。

Point!

存在を知ってもらうチャンス！
受け身ではなく自分から挨拶する

自己紹介できる状況を確認する

私、本日配属になりました○○と申します。出身大学は△□大学で専攻は××を…
!!

「積極的に」とはいえ、自己紹介などで長くなるときは、「今よろしいですか」といった配慮の言葉も大切。

Question 13

電話が鳴っているけれど受けた方がいいの？

いよいよ仕事がスタート。電話が鳴っているけれど電話を取れという指示もないし、何か聞かれても答える知識もないので、電話を受けるのは気が引ける。でも先輩達は忙しそう。どうしたらいい？

①まず電話を受けてみる

②指示やレクチャーがあるまで受けないようにする

③先輩に受け方を教えてもらう

Next page

Answer 13 電話が鳴っているけれど受けた方がいいの？

正解は ▶ ①

○ **①まず電話を受けてみる**
先輩の仕事を助けることが新人としての役割。恐がらずチャレンジする姿勢が先輩からも一目置かれる存在に。

× **②指示やレクチャーがあるまで受けないようにする**
「電話をとらない新人」という印象になる。基本ルールくらいは覚えておき、わからない内容は先輩に代わってもらう。

△ **③先輩に受け方を教えてもらう**
その会社特有のルールを聞くのはいいが、基本的な部分は教わらなくてもできるように、先輩のやり方を見て覚えよう。

新人は先輩の名脇役

ほとんどの会社で、かかってきた電話は新人・若手が取り継ぐのが**暗黙のルール**。指示の有無に関わらず、まずは電話を受けようという姿勢を示しましょう。知らない相手からの電話は**緊張**するものですが、新人に求められているのは取り継ぎか、注文受けなどの簡単な作業。複雑な対応を要求されているわけではありません。また、電話を先輩へ取り継ぐことが、コミュニケーションの**きっかけ**にもなります。新人はあくまでも脇役として先輩を助けるのが大切な仕事。少しでも早く役に立てるように行動しましょう。

Point!

早く先輩の役に立てるように自分から
できる仕事をするように行動する

観察力で仕事のコツをつかむ

電話を受けられなかった場合でも、先輩の受け応えをよくチェックして、会社の基本ルールを覚えておく。

Question 14

先輩に教えてもらった仕事の内容を忘れてしまった

別の仕事に手間取っている間に、教えてもらった仕事のやり方を忘れてしまった。忙しい合間に教えてもらったので、また聞くのも叱られそう。スケジュールも決まっているのですぐに取りかかりたい。どうすべき?

①ネットや本でやり方を調べてみる

②もう１度先輩にやり方を教わる

③別の先輩にやり方を教わる

Next page

Answer 14 先輩に教えてもらった仕事の内容を忘れてしまった

正解は ②

×

①ネットや本でやり方を調べてみる

その会社独自のルールもある。間違ったやり方をしてしまい、時間の無駄や仕事のミスを招くことが考えられる。

○

②もう１度先輩にやり方を教わる

忘れたことを隠したり認めなかったりすると、更に大きな問題が起こる。素直に謝って、再度教えを請おう。

△

③別の先輩にやり方を教わる

やり方を覚えるためには問題ないが、人間関係で余計な摩擦を招く可能性がある。

仕事への意識を問われる

一度聞いたことを忘れてしまうのは、仕事に対する**意識の低さ**を露呈する結果になります。教えてくれた人に対しても失礼です。上司や先輩からの頼まれごとを聞くときは、ポイントを復唱する、メモをとるなど、**忘れないため**の努力が大切です。また、聞いたことを忘れたままにしておくと、もっと大きな問題になります。叱られたくないからと隠したり、言い訳を考えているうちに仕事の期限は迫ってきます。「忘れた」というミスだけで済むうちに、**素直に詫び**、次回からは失敗しないように反省して、メモなどの準備をしましょう。

Point!

失敗の隠し立てや言い訳よりも
すぐに謝罪して挽回しよう！

机の上にメモ用紙を用意

人の話を聞くときには手帳やメモを用意。机の上には常にメモ用紙を用意し、電話の用件などもメモをとるようにする。

Question 15

部内でトラブル発生。でも今日の仕事は終わったので帰りたい…

今日頼まれた仕事は全て終わらせた。もう帰りたいけれど先輩達は突然発生したトラブルの処理で、まだまだ帰れそうにない。帰るとは言い出しにくい雰囲気になっている。どう切り出せばよい?

①状況が落ち着くまで待ってみる

②思い切って「帰ってもよろしいですか?」

③「もう帰るだけなので、何かお手伝いできますか」

Next page

Answer 15 部内でトラブル発生。でも今日の仕事は終わったので帰りたい…

正解は ③

×

①状況が落ち着くまで待ってみる

自分は帰れないし、先輩の役にも立っていない。誰にとっても意味のない選択。

△

②思い切って「帰ってもよろしいですか？」

帰らなければならないもっともな理由があるのなら、きちんと説明する。ただ、チームの一員だという自覚は必要。

○

③「もう帰るだけなので、何かお手伝いできますか」

先輩たちも予定を変更して対処している。役に立ちたいという気持ちを示そう。「帰っても大丈夫だよ」と言ってもらえることも。

チームの中でできること

チームの一員としての**自覚**と**気配り**を問われています。「新人ができる仕事はなさそう」と、まわりの人にひと言もなく判断してしまわないように。それよりも、みんなの飲み物の買い出しなど、何か自分でできることはないか探すなり、先輩に声をかけるなりしましょう。このようなトラブルの場合だけではなく、日頃から「何かお手伝いできますか」という**スタンス**を見せることで、周囲へ**やる気**と**気配り**が伝わり、仕事を回してもらったり、反対に助けてもらったりするような良好な関係へとつながります。

Point!

やる気と気配りを表明することがまわりの人からの信頼を厚くする

チームの一員としての自覚

仕事は１人でするものではない。それぞれの役割をきちんとこなしていくことで仕事は進んでいく。

Question 16

先輩に相談ができない

全社的な新人研修はあったが、実務面はまだ何もわからない。いろいろ相談したいが、まわりは忙しそうで声をかけづらく、デスクに座ってただ時間だけが過ぎていき、毎日が苦痛でたまらない。これからどうしようか?

①今の悩みを上司に相談してみる

②とりあえず、先輩とランチに行く

③いる意味がないので会社を辞める

Next page

Answer 16 先輩に相談ができない

正解は ▶ ②

△ **①今の悩みを上司に相談してみる**

自分の状況を伝えることは大事だが、上司に相談する前に身近な先輩に相談すべき。

○ **②とりあえず、先輩とランチに行く**

職場での人間関係を築くことが先決。忙しくて話をしてもらえない先輩も、ランチの時間ならば話が聞ける可能性がある。

× **③いる意味がないので会社を辞める**

相談できる関係を築けなかったあなたに責任がある。転職したとしても同じ問題を抱えることに。

自分から環境を作る

そもそも先輩は新人の教育をするために会社へ来ているわけではありません。まずは、先輩とのコミュニケーションを図れる**環境**を自分から作り出す必要があります。そのためには積極的に話しかけたり、ランチや飲み会に誘ってみるなど、先輩との距離を縮めるように努力しましょう。職場環境をよくするためにはまず、**人間関係の構築**が大切。信頼される新人になるためには時間もかかります。相手との関係を大切に考えたいのであれば、その気持ちを**行動**に表し、相談しやすい環境を作りましょう。

Point!

積極的に先輩との時間を作るように行動し
人間関係の構築を図る

社内環境をよくするポイント

Point1　挨拶
- 出社、退社時は必ず行う
- 別の部署でもこちらから行う

Point2　反応
- あいづちや返事をはっきり返す
- 感謝の気持ちを伝えるようにする

Point3　積極性
- 自分から社内の人に話しかける
- ランチや飲み会に行く

３つのポイントに気をつけて行動すれば、社内の人との距離が縮まって人間関係が円滑になり、社内環境が良好に。

Question 17

希望していない部署への配属が決まってしまった

入社試験の面接のときから希望していた部署があった。しかし、入社してみると希望とは違う部署への配属が決まっていた。このままではモチベーションも上がらないし、うまくやっていける自信もない。どうする?

①今の部署の上司に相談してみる

②希望部署の上司に相談してみる

③とりあえず今の部署で仕事をしてみる

Next page

Answer 17 希望していない部署への配属が決まってしまった

正解は ▶ ③

△ **①今の部署の上司に相談してみる**

まだよく知らない新人に、転属を相談されても困らせるのが関の山だが、希望として伝えておく程度なら聞いてはもらえる。

× **②希望部署の上司に相談してみる**

人事権の上でも、配属先や人事部を説得する材料がないので相談されても迷惑。配属先の上司の印象を悪くする恐れも。

○ **③とりあえず今の部署で仕事をしてみる**

今の部署で認めてもらうことを優先すべき。希望部署よりも資質の面で合っていることもありうる。

会社の利益を考える

会社は**自社の利益**を考えて人事を発令します。無根拠な人事はありません。入社したばかりで、いきなり異を唱えるのは自分のためにも、会社のためにもなりません。希望部署に入ったはいいけれど、実情は違うこともありえます。まずは会社全体を知り、意見が言えるだけの**経験**と**実績**を積むことが大切です。あなたにもその会社（部署ではなく）を好んで選んだ理由はあるはず。働いた分だけ給料を払うのが会社であれば、会社の要望に応え、その分の**価値を生み出す**責任と義務が社員にはあります。

Point!

現状の環境でベストを尽くし、会社に
認めてもらえる人材になってからが勝負

初出勤
挨拶
電話
仕事への意識
帰社のタイミング
悩み相談
自分の利益
組織とは
補助業務
飲み会

会社の利益を考える

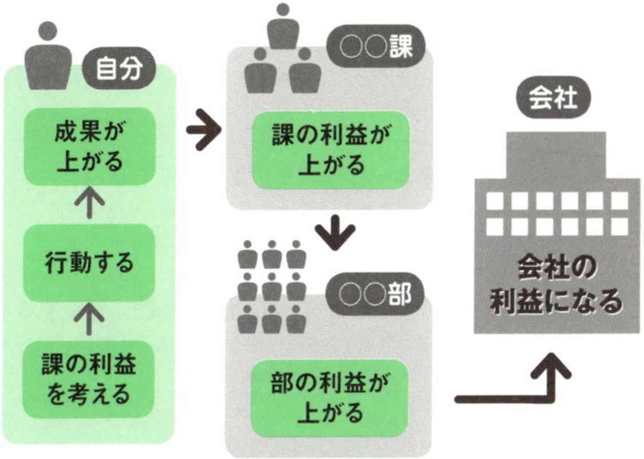

所属している組織の利益を考えて行動することが、会社全体への利益につながる。

Question 18

週１回の掃除を命令されたけど

入社早々、毎週月曜日の掃除を任された。新人の仕事として、以前から続く慣習だからと言われたけれど、そもそもそんなことをするために会社に入ったわけではない…。どうするのがいいだろう?

①押しつけられて気が進まないので掃除をしない

②率先してきれいに掃除をするようにする

③全員でやったほうが効率的だと理論的に提案する

Next page

Answer 18 週1回の掃除を命令されたけど

正解は ▶ ②

× ①押しつけられて気が進まないので掃除をしない

新人としての仕事ほど、先輩達はその動きをチェックしている。掃除をしないのはもっとも印象が悪い。

○ ②率先してきれいに掃除をするようにする

意外とチェックされている仕事だからこそ、率先してやっている態度は大きな評価を受けるし、自分の気分もよい。

△ ③全員でやったほうが効率的だと理論的に提案する

あまりにも不等な扱いである場合を除いては慎むべき行動。雑用を逃れるための理屈と見られかねない。

組織に慣れるための訓練

新人の仕事の中には、上司・先輩の業務の補助はもちろん会社の**慣習**になっている雑用もあります。新人にしかできない仕事ほど上司や先輩はしっかり**チェック**しているもの。よい意味で目立った存在になるためにも、率先して行動して、ひと工夫や気配りをしてみましょう。先輩達も同じ雑用をやってきているからこそ、それを受け入れることは**フェア**な精神に基づいています。組織に受け入れられるきっかけだと、肯定的にとらえ、周囲から受け入れられるように**自分から行動**していきましょう。

Point!

みんながやってきたことを受け入れることが組織にとけこむ第一歩

組織に所属している意識

会社に入ったからには組織の一員であるという自覚を持って考えや行動を決める。

Question 19

簡単な仕事ばかり頼まれている。どうすればいい？

希望していた会社に入社したのはいいが、先輩達から頼まれる仕事は簡単な仕事ばかり。棚の整理や備品のチェックなど、こんなことは誰でもできる。このままでは不安だが、どうする?

①黙々と仕事をこなしていく

②もっと重要な仕事がしたいと上司に直訴する

③利用者本人が自分でやるべきだと主張する

Next page

正解は ①

○ **①黙々と仕事をこなしていく**

誰でもできる仕事だからこそ新人に任せている。先輩の助けになるように与えられた業務はしっかりこなすこと。

△ **②もっと重要な仕事がしたいと上司に直訴する**

意気込みとしてはよいが、口に出してしまうと、チーム内の役割分担がわかっていない未熟者だと思われる。

× **③利用者本人が自分でやるべきだと主張する**

役職や経験が上がるほど、非効率な仕事を部下に任せ、自分は給料に見合う重要な仕事をしなくてはならない。

補助業務にも意味がある

期待にあふれて入社した新人が直面するよくある状況です。しかし、仕事といってもその種類はさまざま。新人が補助業務をすることによって、先輩はより**複雑で重要**な仕事を進めることが可能になります。整理整頓も、それをしておくことで全体の仕事が円滑に進むもの。雑用に思える仕事にもすべて意味があるのです。大きな仕事や考える仕事をするためには、簡単な作業を早く**処理**できるスキルや能力を身につけることが必要です。補助的業務は、仕事の全体を理解するための助走期間であると考えて取り組んでいきましょう。

Point!

誰でもできるからこそ新人に任せる。簡単な仕事の積み重ねが大きな仕事を生む

名脇役としての新人

先輩の仕事の進行をサポートするのが大切な仕事。新人ができることをしっかりやることが先輩の役に立つ。

Question 20

先輩から飲みに誘われたけど気が進まない…

同じ部署のＤ先輩から飲みに誘われた。ほとんど話をしたことがないので、何を話していいかわからない。さらにお酒も強くないので気も進まない。断りたいけど、先輩だから気も遣う。どうしたらいい？

①「お酒は苦手なので」と断る

②よく話をするＡ先輩も誘ってもらう

③「お願いします」と飲みに行く

Next page

Answer 20 先輩から飲みに誘われたけど気が進まない…

正解は▶③

×

①「お酒は苦手なので」と断る

お酒が飲めないのは関係ない。普段は話ができない先輩との貴重なコミュニケーションの場をふいにしてしまう。

△

②よく話をするA先輩も誘ってもらう

さりげなく話を持っていければいいが、D先輩も気を遣って誘っているのに、2人では行く気がないのかと気を悪くする。

○

③「お願いします」と飲みに行く

まずは行ってみる。共通の趣味などが見つかる可能性や、仕事の進め方などを教えてもらえることも考えられる。

仕事にいかせる関係性

職場で飲みに誘われることはよくあります。誘うほうもお酒が純粋に好きだからということではなく、**コミュニケーション**をとるために誘っているものです。お酒が強くないからといった自分側だけの理由を振りかざすのはよくありません。職場を離れた場で会話することで、先輩の仕事の**経験則**を教えてもらえたり、普段の社内では聞けないことを聞き出せる機会にもなります。このような関係性を適度に築いていき、社内環境の**円滑化**を進めていけば、より任される仕事が増え、経験を積む機会にもなります。

Point!

会社の外でのコミュニケーションが
社内とは違う人間関係を手にできる

人間関係の構築

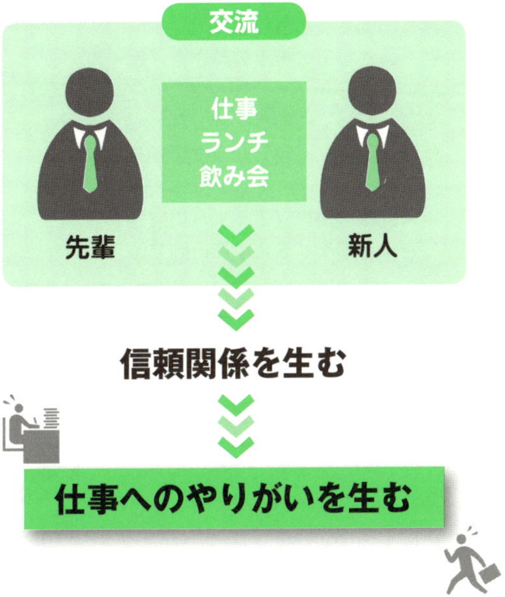
交流
仕事
ランチ
飲み会
先輩
新人
信頼関係を生む
仕事へのやりがいを生む

仕事でも飲み会でも、先輩と関わる時間を増やしていくことがお互いの理解を深める。そのことで、先輩への尊敬や信頼が生まれ、お互いの壁を取り払うことができる。やりがいや責任のある仕事を先輩から任されるようになりたいのなら、まずは、お互いを理解し合えるような人間関係を築けるきっかけ作りを自分からする必要がある。

第2章
まとめ

早く出勤するようにして
社会人としての意識の高さをアピール

存在を知ってもらうチャンス！
受け身ではなく自分から挨拶する

早く先輩の役に立てるように自分から
できる仕事をするように行動する

失敗の隠し立てや言い訳よりも
すぐに謝罪して挽回しよう！

やる気と気配りを表明することが
まわりの人からの信頼を厚くする

積極的に先輩との時間を作るように行動し
人間関係の構築を図る

現状の環境でベストを尽くし、会社に
認めてもらえる人材になってからが勝負

みんながやってきたことを
受け入れることが組織にとけこむ第一歩

誰でもできるからこそ新人に任せる。
簡単な仕事の積み重ねが大きな仕事を生む

会社の外でのコミュニケーションが
社内とは違う人間関係を手にできる

ステップ編

第3章 コミュニケーショントレーニング

人間関係は悩みのタネになりがち。
この章では、会社や組織など仕事上で、
実際に起こりがちなビジネスシーンを、
より実践的に学んでいきましょう。

Question 21

納期に間に合わない…依頼主にどうやって連絡する？

翌朝10時に納品を依頼されていたが、作業にトラブルがあって納期に間に合いそうにない。すでに終業時間を過ぎてしまっている。どうやって依頼主に連絡をするべき？

①謝罪メールを送信後、相手の会社に電話

②メールで謝罪とトラブルの事情を伝える

③電話で謝罪と納品可能な日時を伝える

Next page

Answer 21 納期に間に合わない…依頼主にどうやって連絡する？

正解は ▶ ③

△ **①謝罪メールを送信後、相手の会社に電話**

対応は丁寧だが、この場合はメールに時間をかけるよりも、一刻も早く相手と連絡がとれる方法を考えるべき。

× **②メールで謝罪とトラブルの事情を伝える**

相手がメールを見るとは限らず、翌朝初めて事態を知ったとしたら事後報告も同然。一方的なメールでの通達はよくない。

○ **③電話で謝罪と納品可能な日時を伝える**

連絡が遅くなっては、相手も打てる策が限られてくる。すぐに状況を報告して、相手の判断を仰ぐべき。

メールを送る≠伝える

「メールは相手が都合のいいときに確認できるから親切」と思う人もいるでしょう。しかし、ビジネスで「連絡=メール」という感覚は、**トラブル**につながります。例えば相手が「メールを見られる環境ではなかったので対応が遅れた」「メールで一方的に言われた」など問題が起こる場合も。急を要するときに**メールだけ送るのはNG**。電話にするか、両者を併用するようにしましょう。また、気まずい報告はメールのほうが気楽だと思うかもしれませんが、**相手の反応を確認する**意味でも電話のほうがいいでしょう。

Point!

急ぎの用件はメールではなく
電話で伝える

メールを送って満足しない

今日の打ち合わせ時間の変更、メールで連絡しておきました
電話しろよ

メールを送ったら、必ず相手のリアクションを確認すること。しかし、緊急の連絡はメールではなく電話を入れる。

Question 22

上司がしつこく聞いてくる。信頼されてない？

B 課長に仕事を頼まれた。毎日一生懸命やっているのだが、B 課長はしつこいくらいに「あれ、どうなった？」「どこまで進んだ？」と聞いてくるので、気になって仕方がない。課長はどうして何度も聞いてくるのだろう？

①責任者として仕事を監督する立場だから

②新人なので信頼されていないから

③プレッシャーをかけて成長させたいから

Next page

Answer 22 上司がしつこく聞いてくる。信用されてない？

正解は ▶ ①

○ ①責任者として仕事を監督する立場だから

新人に任せたからとはいえ、責任をとるのは上司。報告がなければ、状況を聞いてくるのは当たり前。

× ②新人なので信頼されていないから

信頼していなければ仕事は任せない。「ちゃんとやってるのに、信頼してくれよ」と思うのは間違い。

△ ③プレッシャーをかけて成長させたいから

上司は、ホウ・レン・ソウを学ばせて成長させたいとは思っているが、プレッシャーをかけたい訳ではない。

新人の仕事は上司の責任

上司から任された仕事は、自分だけの仕事ではありません。責任者として、仕事を管理しなければいけないのは上司なのです。**ホウ・レン・ソウ（報告・連絡・相談）**は、ビジネスでのコミュニケーションの基本。たとえ順調に進んでいるとしても、「ここまで進んでいます」「終わりました」「これから○○をします」と、**仕事の進捗**を逐一報告しましょう。細かいホウ・レン・ソウはミスの早期発見や軌道修正のためにもよく、**信頼関係**を高めることにもつながります。報告をすることが、仕事を任された新人の責任なのです。

Point!

上司に仕事の心配をされるのは
ホウ・レン・ソウが足りないせい

依頼主への連絡
ホウ・レン・ソウ
矛盾した指示
仕事の相談
社内の派閥
先輩からのアドバイス
上司との距離感
自分の意見を伝える
仕事が行き詰まった
ライバル心

正しいホウ・レン・ソウとは

仕事が終わった
順調！
今から○○をやろうかな

ホウ・レン・ソウは何か問題が起こったときだけするものではない。逐一報告をすることが信頼につながる。

Question 23

ついさっき受けた指示と違う指示を出された…

E係長の指示を受け、作業を進めていると、しばらくしてB課長が全く反対の指示を出してきた。明らかに2つの指示は矛盾している。そんなとき、誰にどう確認する？

①B課長にE係長から指示を受けた旨を伝える

②E係長にB課長から指示を受けた旨を伝える

③上役のB課長の指示に従えばよい

Next page

Answer 23 ついさっき受けた指示と違う指示を出された…

正解は ②

△ **①B課長にE係長から指示を受けた旨を伝える**

問題が早く解消される方法ではあるが、違った指示を出していたE係長がB課長の叱責を受ける可能性もある。

○ **②E係長にB課長から指示を受けた旨を伝える**

一旦B課長の指示を承知した上で、E係長に確認する。B課長への異議はE係長にお願いしたほうが新人としては無難。

× **③上役のB課長の指示に従えばよい**

E係長のほうが正しい場合もありうるし、報告せずに頭越しにやりとりしては、直属の上司のE係長の立場がなくなる。

上司の力関係

2人の上司の**板ばさみ**になってしまったら、若手としては非常に対応に困ることでしょう。そんなときにも、**相手の立場**に配慮する**気遣い**が、職場の空気をよくします。さらに、自分自身の評判をよくしたり、トラブルに巻き込まれずに済むことにもつながります。また、組織においては、上下関係や手順を踏むことが大切です。**上司の力関係**などには自分から足を踏み入れずに身を引いて、上司同士でやり取りをしてもらうように持っていきましょう。報告もせずに、勝手に自分で判断するのはNGです。

Point!

それぞれの上司の立場や役割を考えて
気配りをしよう

二人の上司から別々の指示を受けたときは

今日は社内で資料作成をやりなさい
早く営業に行きなさい

異なる指示に悩んだら、ひとりで考えていても仕方がない。直属の上司に確認して、上司同士でやり取りをしてもらおう。

Question 24

上司に相談をしたい…どうする？

A 社から次の日までに完了してほしいという仕事を受けた翌日、B 社からも当日中に仕上げなければいけない仕事を頼まれた。ともに大事な得意先だが、ひとりでは両立できなさそう。上司への正しい相談の仕方は？

①誰かに手伝ってほしい旨を相談する

②時系列を追って漏れなく事情を説明する

③報告書を作成し、それをもとに説明する

Next page

Answer 24 上司に相談をしたい…どうする？

正解は ▶ ①

○ **①誰かに手伝ってほしい旨を相談する**

上司も忙しいので、相談は結論から簡潔、手短に。経過や詳細な事情は、説明を求められてからでいい。

× **②時系列を追って漏れなく事情を説明する**

丁寧に伝えようとするあまり、ダラダラと長い話になりがち。「結局、何をしてほしいの？」と相手に思わせてしまう。

△ **③報告書を作成し、それをもとに説明する**

複雑で難解な件なら報告書作成も○。しかし、緊急時には早く相談して、仕事にとりかかることが大事。

相談は結論から簡潔に

判断に迷うことや勝手に判断できないことは、早い段階で上司や先輩に相談しましょう。そのときに大切なのは、相談内容を整理して、**結論**から話すこと。「結論から言いますと…」というのを口癖にするとよいでしょう。また、「私はこう思うのですが、どうでしょうか？」と**自分の意見を用意**した上で伝えると、上司も指示を出しやすくなります。焦点を明確にして“わかりやすく”相手に説明するのは、社外の人との打ち合わせにも共通すること。**コミュニケーションスキル**が問われていると考えてください。

Point!

結論と提案を示して
明確な指示をもらう

正しいホウ・レン・ソウの手順

STEP 1　相談内容を整理する

↓

STEP 2　結論から話す

↓

STEP 3　理由・経過を伝える

↓

STEP 4　自分の意見や推測を述べる

ホウ・レン・ソウを行うときは、結論から簡潔、手短に伝えよう。相手の時間も取っていることを忘れずに。

Question 25

社内に派閥がある。どう対応するべき？

入社して数か月。どうやら社内には「常務派」と「専務派」の２つの派閥があることがわかった。しかし、派閥に属する人たちとどう関わっていけばいいかわからない…。社内の派閥にはどう対応するべき？

①派閥に所属する人とはなるべく関わらない

②どちらにも愛想よくふるまう

③権力の強そうな方の派閥に所属する

Next page

Answer 25 社内に派閥がある。どう対応するべき？

正解は ▶ ②

△ **①派閥に所属する人とはなるべく関わらない**

面倒な権力闘争は避けたいが、避けているとまわりとの人間関係も深まらない。

○ **②どちらにも愛想よくふるまう**

新人は誰にでも可愛がられるようにしたい。社内での力もないので、派閥からも重要視されないことが逆に強みになる。

× **③権力の強そうな方の派閥に所属する**

どちらかに属してしまうと、他の派閥に属する人との交流がしづらくなることがある。できるだけ属さないように努力を。

派閥を利用する

派閥は、**社内の情報収集**のためにいい道具になります。ネガティブなイメージを持ちがちですが、「稟議がいつも部長で止められてしまう。でも、専務に伝えれば稟議が通る」など、仕事が進めやすくなる情報を持っている場合も。新人の場合は、派閥うんぬんではなく、大切なのは**可愛がられる**こと。派閥を拒否するのではなく、誰にでも気持ちよく**笑顔**で対応し、好印象を与えておきましょう。社内でうまく立ち回ることによって、仕事がスムーズに進みます。派閥をうまく利用することで、社内でのネットワークを広げていきましょう。

Point!

誰にでも可愛がられることで仕事が進めやすくなる

派閥との関わり方

派閥うんぬんではなく、みんなに笑顔でふるまうことで、誰からも可愛がられる人間になる。

Question 26

相談したけど、先輩も苦手だった…

得意先に提出するデータを作成するために、部署で用意してあるひな型の利用方法をＡ先輩に相談した。しかし、Ａ先輩はパソコンが苦手らしい。こんな場合はどうすべき？

①データ作成が得意な他の先輩に頼む

②失礼なので、最後までＡ先輩と取り組む

③勉強して自分で何とかする

Next page

Answer 26 相談したけど、先輩も苦手だった…

正解は ▶ ①

○ **①データ作成が得意な他の先輩に頼む**

得手不得手は先輩にもあって当然。周囲の人を観察し、困ったら誰に聞けばいいかを考えておく。

△ **②失礼なので、最後まで A 先輩と取り組む**

お互いにとって、いいことはあまりない。早めに「どなたが詳しいか教えてください」と A 先輩の顔を立てれば問題ない。

× **③勉強して自分で何とかする**

職場のオリジナルデータの利用は、ルールなどを確認してから使わないと、思わぬトラブルが起きることもある。

社内のスペシャリストを探そう

上司や先輩も完璧な人間ではありませんから、**得手不得手**があります。日頃から上司や先輩を観察し、まわりの人の得意分野を知っておきましょう。それぞれの分野で**スペシャリスト**を見つけておき、相手の得意なことに関して相談を持ちかければ、相手も「自分を頼りにしてくれている」と思い、悪い気はしません。また、それぞれ得意なことに合わせて別の人に相談するのは、さまざまな人と**コミュニケーション**を取ることにもなります。普段あまり話すきっかけのない上司や先輩と仲良くなるチャンスです。

Point!

それぞれの人の得意なことを聞いて
コミュニケーション力アップ！

先輩の得意分野リスト

	得意分野	不得意分野
A先輩	パソコン	電話応対
B先輩	商談	パソコン
C先輩	資料作成	人前で発表すること
⋮	⋮	⋮

日頃から周囲を観察して「先輩の得意分野リスト」を作っておくと、困ったときに誰に相談すればいいかがすぐわかる。

Question 27

普段関わることが少ない部長。どう関わっていく？

部長は、先輩達とはよく話しているが、あなたにはあまり話しかけてくれない。普段部長と接することはほとんどないのだが、接し方がわからず困っている。部長とは、どう関わっていけばよいのだろう？

①無理をして話しかける必要はない

②こちらから話しかけ、相手との共通点を探す

③話しかけられたときは、笑顔で接する

Next page

Answer 27

普段関わることが少ない部長。
どう関わっていく？

正解は ▶ ②

×

①無理をして話しかける必要はない

普段接することが少なくても、関わる必要がないと考えるのはだめ。自分からコミュニケーションを取りにいくべき。

○

②こちらから話しかけ、相手との共通点を探す

自分から相手に興味を持って話しかけることが大切。出身地や趣味など相手との共通点を見つけると心の距離が縮まる。

△

③話しかけられたときは、笑顔で接する

笑顔で対応するのは○。しかし、受け身の姿勢はやめて、自分からコミュニケーションを取るように意識しよう。

上司も新人に気を遣う

上の役職の人とは、関わらなくても仕事に支障がないと考えるのは間違いです。上の人ほど、年齢や価値観が新人と離れているという自覚があり、接し方に戸惑っているもの。それをコミュニケーション不足のまま放っておくと**「あの子はよくわからない」**というイメージが定着してしまいます。上司と円満な人間関係を築くためには、自分から**積極的**に話しかけることが重要。まずは、会社の行き帰りや飲み会などの肩肘張らない席で、趣味や出身地などフランクな話題から、**相手との共通点**を探すと心の距離を縮めることができます。

Point!

自分から上司に話しかけて
円満な人間関係をつくる

自分からコミュニケーションをはかる

ぶ、部長、ご・・ご趣味は・・？
うん、熱帯魚をね・・

上司にも、新人とどう接すればいいかわからない人がいる。
自分から話しかけると喜ばれて、好印象を与えられる。

Question 28

課長よりもいいアイデアが思い浮かんだ！

得意先への提案の件で、A先輩・B課長と三人で会議中。B課長が提案をしたが、それよりももっといいアイデアが浮かんだ。自分の意見を伝えるためには、どう切り出すべき？

① 「○○という案は、いかがでしょうか？」

② 「あえて意見を申し上げるのですが…」

③ 会議後にA先輩に自分の意見を聞いてもらう

Next page

▶▶▶▶

Answer 28 課長よりもいいアイデアが思い浮かんだ！

正解は▶ ③

△ ①「○○という案は、いかがでしょうか？」

意見を伝えるときは、おうかがいする形のほうが波風が立ちにくい。上司を否定しない話の切り出し方をしよう。

✕ ②「あえて意見を申し上げるのですが…」

「会議を活性化させるための意見」として上司に対抗する意見を言う場合もあるが、新人が言うと生意気に聞こえてしまう。

○ ③会議後にA先輩に自分の意見を聞いてもらう

新人が、求められていない場で上司に対抗意見を言うと、生意気な印象に。後で別途相談したほうが好まれる。

新人の意見は新鮮だが生意気

新人は良くも悪くも、まだ会社に染まっていない存在。もし上司や先輩が「ここは新人の感覚を参考に」と意見を求めてきたら、**積極的**にハキハキと自分の意見を述べましょう。しかし、意見を求められていない場合にまで、みんなの前で上司や先輩に対する反対意見を発表するのは、たとえその意見が正しくても**相手の面子**をつぶします。異論がある場合は、信頼できる上司や先輩に**後でこっそり**とアドバイスをもらうつもりで聞いてみるといいでしょう。その意見がよければ、相談された上司や先輩がうまく取り計らってくれるはずです。

Point!

相手を配慮して、意見を伝える

会議での発言は求められたときに

経験も知識もない新人の思いつきは、見当違いか既に議論されたことが多く、まわりに迷惑がかかることも。

Question 29

仕事に行き詰まった…
先輩のアドバイスを受け入れる？

上司からの指示で仕事をしていたが、いい案が浮かばず行き詰まっていた。そんなとき、A 先輩が自分の経験をもとにアドバイスをくれたのだが、どうもピンとこない。どうすべき？

①もっといいアイデアがないか聞いてみる

②とりあえずそのアドバイスをやってみる

③先輩の意見は聞かず、自分で調べて解決する

Answer 29 仕事に行き詰まった…先輩のアドバイスを受け入れる？

正解は ▶ ②

△

①もっといいアイデアがないか聞いてみる

向上心があるのはいいが、先輩のアドバイスがイマイチと言っているようなものなので失礼。

○

②とりあえずそのアドバイスをやってみる

アドバイスは素直に受け入れよう。自分ではピンとこなくても、やってみると意外に効果が出るかもしれない。

×

③先輩の意見は聞かず、自分で調べて解決する

行き詰まったまま仕事を続けても、効率が悪いだけ。また、アドバイスを聞いておきながら勝手に否定するのは失礼。

アドバイスは素直に吸収

経験の浅い新人の場合、アドバイスは**素直に受け入れる**とよいでしょう。相手は好意で助言をくれたので、否定するのは失礼。そのアドバイスがピンとこなくても、それは新人の少ない経験での判断。先輩の経験に基づいた助言なので、やってみると意外とうまくいくことがあります。大切なのは、**柔軟さ**です。自分のやり方に固執せず、人の意見や助言を吸収していくと、成長への助けとなります。そして問題が解決したら、必ず相手に**お礼**を伝えること。そうすれば相手は喜び、困ったときはまた助けてくれるでしょう。

Point!

柔軟な姿勢でアドバイスを吸収し成長の糧とせよ

先輩のアドバイスは素直に吸収

アドバイスをもらったら、たとえピンとこなくても実践することが大切。実践した結果は、報告・相談するようにしよう。

Question30

同期と差がついてしまっている…こんなときどうする？

仲がよい同期のＣ君は、同期の中では成績がトップで、上司からの評価も高く、成長が著しい。「自分と差がついてしまっているのでは…」と焦りを感じているが、どう考えるべき？

①「自分もがんばって一番になるぞ！」

②「今まで通り、仲間と仕事を楽しもう！」

③「他人は他人。自分らしく働こう！」

Next page

A nswer 30 同期と差がついてしまっている…こんなときどうする？

正解は ▶ ①

○ ①「自分もがんばって一番になるぞ！」
同期と敵対するのではなく、ライバル心を持とう。張り合う相手がいるということは意見交換も活発になり、成長に直結する。

× ②「今まで通り、仲間と仕事を楽しもう！」
仕事は「馴れ合い」ではない。仕事を楽しむのは大切だが、「仲よくやりたい」では大学のサークルと一緒である。

△ ③「他人は他人。自分らしく働こう！」
自分のペースで働くことは大切。ただし、現状の自分にとどまるのではなく、意識を高く持っていくべき。

本当の人間関係とは

チームの仲がよいのは大切なことです。しかし、「まわりと楽しく働く」のが目的では、大学のサークルと一緒。会社は学校ではありません。**「会社から給料をもらっている」**ことを忘れずに。給料をもらう限り成果を出すのが当たり前、という**「プロ意識」**を持ちましょう。同期との差に悩んだら、先輩に相談してコツを教えてもらうのもいい手です。プロ意識に裏づけされた責任感ある仕事ぶりで、まわりから**信頼**を得ていきましょう。プロ意識も成長意欲もない人は、だんだんまわりから相手にされなくなってしまいます。

Point!

「プロ意識」が
まわりとの人間関係を深める

仲間にライバル心を持とう

ライバル心を持つということは、仲間と敵対するということではない。お互いに刺激し合って、成長しよう。

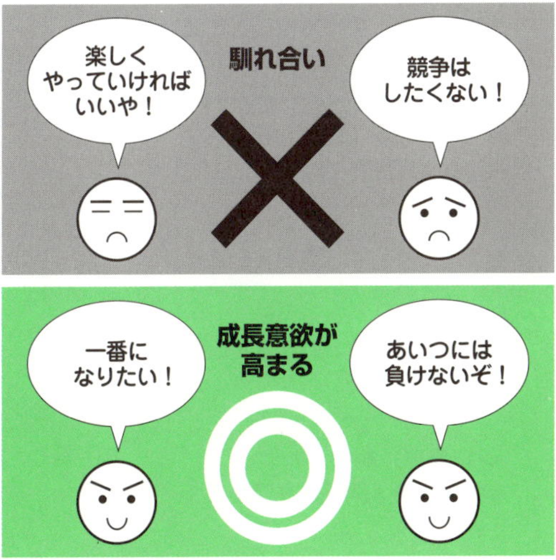
楽しくやっていければいいや！
馴れ合い
競争はしたくない！
一番になりたい！
成長意欲が高まる
あいつには負けないぞ！

第3章 まとめ

急ぎの用件はメールではなく
電話で伝える

上司に仕事の心配をされるのは
ホウ・レン・ソウが足りないせい

それぞれの上司の立場や役割を考えて
気配りをしよう

結論と提案を示して
明確な指示をもらう

誰にでも可愛がられることで
仕事が進めやすくなる

それぞれの人の得意なことを聞いて
コミュニケーション力アップ！

自分から上司に話しかけて
円満な人間関係をつくる

相手を配慮して、意見を伝える

柔軟な姿勢でアドバイスを吸収し
成長の糧とせよ

「プロ意識」が
まわりとの人間関係を深める

ステップ編

第4章

アクショントレーニング

仕事を進めていく上での社内関係の構築や得意先への対応など、行動の仕方によって相手の印象は変わります。信頼を手に入れるための実践に使える行動力をトレーニングしましょう。

- Q31 考え方
- Q32 単純作業
- Q33 ミスへの対処
- Q34 仕事の両立
- Q35 得意先への同行
- Q36 会議への出席
- Q37 スキルアップ
- Q38 トラブル対応
- Q39 成長
- Q40 信頼

Question31

先輩が出張中なので わからないところが聞けない

A先輩から資料をまとめる仕事を頼まれた。ひと通りのレクチャーは受けたが、実際に進めてみると細かな部分での不明点が出てきた。A先輩はあいにく出張中でしばらく戻らない。正しい対処法はどれ?

①出張先に電話して教えてもらう

②インターネットで探してみる

③社内にいるわかりそうな先輩に聞く

Next page

Answer 31

先輩が出張中なので
わからないところが聞けない

正解は ▶ ③

△ **①出張先に電話して教えてもらう**

逐一電話してほしいと言われていれば別だが、別の解決策があれば、それを試した上で報告する。

× **② インターネットで探してみる**

予備知識として使うのはいいが、会社や案件ごとのルールがあるので、インターネット情報をそのまま使うのは危険。

○ **③社内にいるわかりそうな先輩に聞く**

チームの仕事であれば、本人でなくてもわかることは多い。聞くときは不明点をまとめるなど要領よく、手間を取らせないように。

自分で考えて行動する

仕事を進める中には、わからないことがたくさんあります。自分なりに考え、その状況に応じて**答え**を出していくのが仕事です。この場合、よほどの緊急時を除いては**社内**で処理するように努めます。他の先輩に確認する場合は、すべてを教えてもらうスタンスではなく、わからないことを**明確**にしてから教えてもらいましょう。不明点を整理することは自分の頭の中の整理にも役立ちます。また、調べるにはインターネットが便利ですが、その情報がそのまま実践に使えるとは限りません。**現場**の情報や判断を重視してください。

Point!

置かれた条件や環境の中から
答えを導くための手段を持つ

インターネットの弊害

調べ物などに重宝するインターネットだが、自社のやり方とは違う情報も含まれているのでトラブルの原因にも。

Question32

単純作業ばかりでおもしろくない。もっとやりがいのある仕事がしたい

納品物をチェックしていくだけの単純作業。新人なのでそれも仕方がないと頭では理解しているが、集中力も続かず仕事へのモチベーションも持てない。こんな気持ちでどうやって作業を進めていけばいい？

①気持ちを抑えて、とにかくさっさとこなす

②「先輩もやっていたのですか」と聞いてみる

③この作業の仕事全体での意味を教えてもらう

Next page

Answer 32 単純作業ばかりでおもしろくない。もっとやりがいのある仕事がしたい

正解は ▶ ③

× **①気持ちを抑えて、とにかくさっさとこなす**

気持ちを無理に抑え込むと集中力の低下やストレスを招きやすく、単なる作業としてこなし出すと、ミスが発生する可能性が高くなる。

△ **②「先輩もやっていたのですか」と聞いてみる**

先輩達も同じ経験をしている可能性は高い。誰もが通る道だと割り切って作業はできるが、先輩の気分を害する恐れも。

○ **③この作業の仕事全体での意味を教えてもらう**

仕事の全体像を知り、作業の位置づけを知れば、やる気が出るようになり、将来任される仕事のイメージをつかめる。

モチベーションを高める

なぜ自分だけがこんな作業をと**思い込み**がちな単純作業。マイナス思考で進めているとミスが発生する可能性は高くなります。単純作業のミスほど被害は**大きい**ものが多く、「誰でもできるから」と先輩のチェックも甘くなりがちですので、より**正確性**が求められます。ミスなく効率よく進めるためにも作業の意味と意義を自分で探す意識を持ちましょう。また新人から見ればただの単純作業ですが、それは大きな仕事の重要な一部です。「何のためにこれをやるのか」を考えながら、**仕事全体**を見る意識を持つようにしていきましょう。

Point!

高い意欲を持つためにも
全体像のイメージを意識して作業をする

単純作業の恐さ

納品個数や金額のケタ間違いなど、大きな問題になりかねない作業。簡単だからと気を抜かないように気をつける。

Question 33

先輩のチェックを受けていたにも関わらず、書類の誤字が発生

提出した報告書に誤字があったので、来るようにと課長から連絡があった。注意力が足りないと怒っている様子だ。提出前に先輩にも書類を確認してもらっていたのに…。どのように行動すればいい?

①先輩に課長のところへ行ってもらう

②課長のところへ行って状況を説明する

③課長のところに行ってミスを詫びる

Next page

Answer 33 先輩のチェックを受けていたにも関わらず、書類の誤字が発生

正解は ③

×

①先輩に課長のところへ行ってもらう

確認をしてもらっていたとはいえ、自分が起こした問題。先輩にも責任はあるが、自分が行かないでは済まされない。

×

②課長のところへ行って状況を説明する

報告の仕方によっては先輩の評価も下げる可能性がある。先輩のミスをアピールしても、自分のミスは免除されない。

○

③課長のところに行ってミスを詫びる

ミスについてのお詫びをする。あくまでもその仕事の責任はあなた。先輩は好意で確認してくれているので関係ない。

自分の問題として捉える

先輩の確認ミスをことさらに挙げつらっても、あなたのミスが免除されるわけではありません。自分の仕事に最後まで**責任**を持つ姿勢が**信頼**につながります。また、悪気がなくても、勝手に事情を報告して先輩の立場を悪くすると、好意でサポートしてくれた気持ちに反するかもしれないので注意しましょう。ただしミスの度合いが大きい場合は、先輩にも責任はあるので、共同して解決策を見つけましょう。ミスの場合は**迅速**な対応が求められますので、先輩が不在の場合、ミスの内容の確認と謝罪だけは、速やかに行うようにしましょう。

Point!

責任は自分にあると考え
先輩の立場にも配慮した行動をとる

相談する先輩を選ぼう

社歴長い
仕事できる
話しやすい

部内にはさまざまな先輩がいる。社歴や性格などに応じて相談する内容を決めておくのもやり方のひとつ。

Question 34

急ぎの仕事の最中に上司から別の仕事を頼まれた

A 先輩に頼まれた急ぎの仕事をしているときに、上司からすぐに着手してほしいと別の仕事を頼まれた。A 先輩の仕事が急ぎだとはいえ、上司の方が役職が上だ。こういう場合はどうすればいいだろう?

①上司の仕事を受け、後で A 先輩に事情説明する

② A 先輩から急ぎの仕事を頼まれていると伝える

③両方を精一杯やって、遅れたら謝る

Next page

A nswer 34 急ぎの仕事の最中に上司から別の仕事を頼まれた

正解は ▶ ②

× ①上司の仕事を受け、後でA先輩に事情説明する

役職ではなく仕事の内容で優先順位は決まる。勝手に判断せずに、事情を伝えたほうが人間関係もうまくいく。

○ ②A先輩から急ぎの仕事を頼まれていると伝える

上司に先に急ぎの仕事を頼まれていると説明。勝手に判断して断らないようにしよう。あとは上司が判断してくれる。

× ③両方を精一杯やって、遅れたら謝る

引き受けるからにはできるのが前提である。後になって「無理でした」は通用しない。もっともまわりに迷惑をかける対応。

できる仕事かを判断する

相手が上司だからと遠慮して、言われた仕事を考えなしに引き受け、結局できなかったとしたら、かえってまわりに**迷惑**をかけます。自分はその仕事を注文どおりにできるか、よく考慮してから引き受けましょう。全体が見えていない新人が勝手に判断して、せっかくの依頼を**拒否**するのも印象がよくありません。できそうもないと思っても、相手にこちらの事情が伝われば、別の方法を考えてくれる場合もあります。また、こちらから「こういう形でならできると思います」とポジティブな**提案**をするのもいいでしょう。

Point!

自分の能力とスケジュールを把握して
受けられる内容かどうかを判断する

仕事の優先順位を把握する

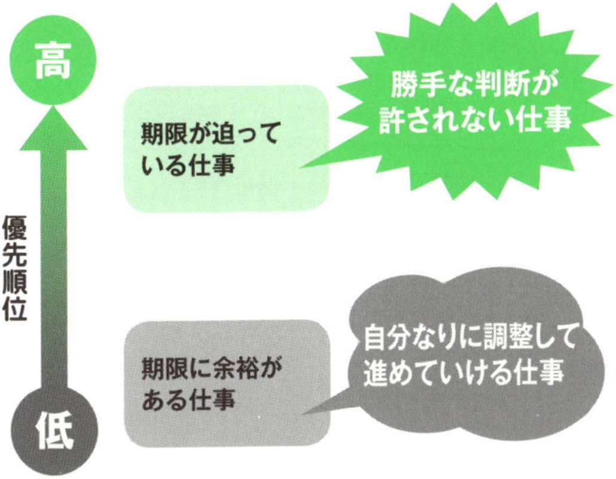
高
優先順位
低
期限が迫っている仕事
勝手な判断が許されない仕事
期限に余裕がある仕事
自分なりに調整して進めていける仕事

仕事の中身を分類し優先順位をつけて、現状の自分の処理能力でできる仕事かどうかを考える。

Question35

明日は得意先へ同行の日。何を準備しておけばいい

先輩から得意先への同行を許された。初めての経験なので何をどうしたらいいのかわからない。先輩は横で話を聞いていればいいとは言うが、デキる新人になるためには何を準備しておけばいい?

①名刺・名刺入れ・筆記用具

②所在地の地図・小銭・配布資料のコピー

③立派なスーツ・立派なカバン・手土産

Next page

Answer 35 明日は得意先へ同行の日。何を準備しておけばいい

正解は ①と②

○ **①名刺・名刺入れ・筆記用具**

ビジネス上の必須用具。新人だから名刺入れがまだないというのはマナー違反。名刺の枚数もチェックを。メモとりも重要。

○ **②所在地の地図・小銭・配布資料のコピー**

打ち合わせ上は新人はさして役に立たない。せめて雑務を引き受けて気配りをしよう。小銭はタクシーの支払いなどに便利。

× **③立派なスーツ・立派なカバン・手土産**

そこまで力まなくてもよい。先輩の立場もなくなるので注意。手土産は先輩の指示があった場合のみでいい。

先輩に恥をかかせない

得意先に対しては、先輩も気を遣う相手なので**緊張感**を持って望みましょう。わからないながらもできるだけの準備をして、粗相のないように心がけましょう。名刺や筆記用具を忘れるなどの初歩的なミスは意識の**低さ**の表れです。相手に対して失礼な行動や先輩の面子をつぶす振る舞いにはもっとも気をつけなければなりません。また、勉強中の身であることを意識して、得意先のプロフィールや打ち合わせの目的を**事前**に先輩から聞いておくと、打ち合わせ中の内容をより理解することができます。

Point!

得意先、先輩そして自分のために
できる準備を考えてのぞむ

気をつけたい訪問のマナー

- 名刺交換などは先輩が先
- コートは建物の外で脱ぐ
- 挨拶は明るく
- お得意様より先に着席しない
- 財布から名刺を出さない
- 先方より先に名刺を渡す
- メモをとりながら話を聞く

Question36

先輩の仕事の社内会議に同席したが議論が煮詰まっている

先輩の会議に同席させてもらった。自分も手伝っている仕事なので、大体の内容は理解しているつもり。しかし、他のメンバーの反応が悪く会議は沈滞気味。こういう場合は意見を言ったほうがいいのだろうか。

①黙って会議の進行状況を見守る

②自分なりの意見を主張してみる

③求められたら意見が言えるようにしておく

Next page

A

Answer 36 先輩の仕事の社内会議に同席したが議論が煮詰まっている

正解は ▶ ③

△ **①黙って会議の進行状況を見守る**

黙っておくのは賢明だが、常に頭の中で内容を整理し、自分なりの考えをまとめておくこと。

× **②自分なりの意見を主張してみる**

会議の流れや場の作り方を先輩なりに考えていることもある。これまでの経緯も踏まえない不用意な発言は混乱を招く。

○ **③求められたら意見が言えるようにしておく**

自分なりの考えを持つことが重要。発言を求められたのであれば、失礼がないように発言しても問題なし。

内容理解に努める

新人と思われている間は、自分から前に出る必要はありません。これまでの議論の経緯や基本戦略を踏まえない**不用意**な発言でまわりの感情を逆なでしてしまうことも考えられます。大事なことは、会議の内容を理解するように努め、自分の意見やアイデアを持つようにすることです。**先入観**のない新人の意見が新鮮なアイデアになることもあるので、意見を求められた場合は、気配りは必要ですが積極的に発言しても問題ないでしょう。わからないことは、休憩時や会議後に先輩に確認し、**疑問点**を残さないようにしましょう。

Point!

不用意に前に出ず、会議の内容を理解し
疑問点などはあとで先輩に確認する

会議への参加意識

同席させてもらっているからには、先輩達の会議の進め方や考え方を聞いて、今後に生かせるようにする。

Question37

自発的に申し込んだ社外研修の日に仕事を頼まれた

スキルアップのため、休日に社外で行われる新入社員研修に、同期のＣ君と申し込みをしたが、同じ日にＡ先輩から得意先主催のイベント参加を頼まれた。研修会のほうがためになると思うが、どうすればいい？

① Ｃ君と相談してどちらかを決める

② 上司である課長に判断をしてもらう

③ Ａ先輩にどうすべきかを判断してもらう

Next page

Answer 37 自発的に申し込んだ社外研修の日に仕事を頼まれた

正解は ▶ ②

× **① C 君と相談してどちらかを決める**

相談することは問題ないが、新人２人で話し合っても決定的な案は見つからない。さらに悩みが深くなる可能性も。

○ **② 上司である課長に判断をしてもらう**

自分や A 先輩の上司である課長に、会社としての客観的な判断をしてもらうのがよい。

△ **③ A 先輩にどうすべきかを判断してもらう**

A 先輩だと本人の担当である得意先優先の判断をしがちで、総合的な判断に欠ける。

スキルアップの必要性

早く能力を上げて会社の**役に立つ**ようになることは、新人にとっての大切な仕事のひとつです。ただ、個人としてのスキルアップと**会社が求める**スキルアップが同じだとは限りません。自分だけの判断で決定してしまうのは、社内の人間関係に支障をきたす可能性があります。こういう場合は、会社の利益と人材育成両方について考えている**上司**に相談すること。研修会とイベントの内容を説明するとともに、仕事に対する意識を伝え、会社としてどちらが**有益**になることなのかの判断を仰ぐようにしましょう。

Point!

スキルアップの意識を大切にしながら
会社にとっての必要性を客観的に考える

スキルアップへの意識

今から
クライアントに
行ってくれ
これから
イタリア語教室に
行くので行けません

スキルアップに対する意識は大切だが、仕事に弊害が出る場合は、勝手な判断を慎むこと。

Question38

先輩のミスにより得意先から怒りの電話が…

先輩が昨日作成した請求書にミスが発覚。得意先から先輩あての電話を受けたが、先方はかなり怒っている様子。肝心の先輩は休暇中で連絡がなかなか取れない。この後の行動として正しい順番はどれ。

A 上司に事情を説明し判断を仰ぐ

B 問題発生を先輩に連絡するのを急ぐ

C 修正した請求書を作成する

Next page

Answer 38 先輩のミスにより得意先から怒りの電話が…

正解は▶ A → B → C

A 上司に事情を説明し判断を仰ぐ

自分で勝手な判断をせずに、まずは上司に報告して判断を仰ぎ、その通りに行動する。

B 問題発生を先輩に連絡するのを急ぐ

トラブルへの対処が最優先だが、先輩だけが知っている情報がある可能性も。面子をつぶさないように連絡を取る努力は必要。

C 修正した請求書を作成する

上司から受けた指示を実行する。先輩と連絡が取れ出社するのであれば、それまでにできることを行う。

勝手な行動を慎む

先輩が不在中でのミスとはいえ、迅速に対応する必要があります。まずは上司に事情を説明して**判断**を仰ぎ、**指示**を受けること。その後、トラブル処理を急ぎながら先輩に連絡をし、連絡が取れれば問題が発生していることを報告します。その際に上司からの指示も報告し、さらに**具体的**な作業の指示を先輩から教えてもらいましょう。連絡がつかない場合は得意先への対応の判断は、上司に任せたほうが問題が大きくなることを避けることができます。あくまでも**勝手な行動**は慎み、問題解決に取り組みましょう。

Point!

上司→先輩→実行の順番で
勝手な行動をせずに迅速に対応する

勝手な行動がさらに問題を大きくする

私がお詫びに行って何とかします！

ミスのレベルが高いほど慎重な対応が必要。勝手に得意先へ連絡したり、新人の能力内だけで対応するとさらに問題が。

Question 39

A 先輩と D先輩が話しているプロジェクトにとても興味がある…

昼食に行ったときに先輩達が話していた仕事の内容にとても興味が湧いた。まだまだ自信がないし、足を引っ張るのが恐いので、そのときは特にその話には口を挟まなかったが、その仕事が気になる。どうする?

①今の仕事を着実にこなしてスキルアップを図る

②「何かお手伝いできませんか」と聞いてみる

③プロジェクトの動向を気にしておく

Next page

Answer 39 A先輩とD先輩が話しているプロジェクトにとても興味がある…

正解は ▶ ②

× ①今の仕事を着実にこなしてスキルアップを図る
とても大切なことだが、これではプロジェクトに興味を持っていることを伝えられていない。

○ ②「何かお手伝いできませんか」と聞いてみる
大切なのは参加の意志を伝えること。興味がある仕事なので意識も高くスキルアップが望める。

△ ③プロジェクトの動向を気にしておく
進行状況などを確認しておき、できる仕事があった場合は、参加の意志を伝えてみる。しかし、これだとすぐには参加できない。

挑戦する気持ちが成長へ

興味があるのなら、積極的に参加の**意志**を伝えてみましょう。生意気だと思われるかもしれませんが、積極的な姿勢は先輩にとってもうれしい反応です。場合によってはどこかのタイミングで参加の**チャンス**が生まれることもあるので、伝えておいて損はありません。先輩の計らいにより運よく参加できた場合は、高い意欲で取り組め、自ら主張して受ける仕事は責任感も生まれるので、大きな成長の機会となりえます。自分にはできないという気持ちではなく、**挑戦**してみようという気持ちがあなたの可能性を大きく広げてくれるのです。

Point!

できることも大切だが
やりたいという気持ちもとても大切な動機

やってみたいことを考える

仕事を覚え始めてきたら、今の仕事の範囲内でやってみたいことを考えるようにしておく。

Question 40

最近Ａ先輩が忙しそうで、頼まれる仕事量が少ない…

最近のＡ先輩はプレゼン前なのでバタバタしている。一方自分は、仕事も覚えてきたので早く処理できるようになり、時間を持て余し始めた。忙しいのも困るけれど、ヒマなのも困ってしまう。誰に相談すればいい？

①課長に相談して、課全体の仕事を回してもらう

②Ａ先輩に現状を伝えて仕事を作ってもらう

③自分でできることを考えてみる

Next page

Answer 40 最近A先輩が忙しそうで、頼まれる仕事量が少ない…

正解は ▶ ③

△ **①課長に相談して、課全体の仕事を回してもらう**

取り組む姿勢は伝わるが、課長に相談する前にもう一度A先輩の手助けができないかなど、自分で仕事を見つける努力をする。

△ **② A先輩に現状を伝えて仕事を作ってもらう**

忙しい先輩に依存しすぎるのはNG。先輩に現状を伝える意味で相談をする程度なら問題なし。

○ **③自分でできることを考えてみる**

少し時間がある間に、今までしてきた作業の整理など、自分にできることを考える。行動する前には先輩に相談を。

信頼できる新人とは

環境にも慣れ、仕事も覚えてきたら、いつまでも先輩に**甘える**のではなく「自分に**できること**は何か」ということを考える習慣を身につけていきましょう。頼まれた仕事だけを処理するのではなく、自分で仕事を作り出すことが大切です。そうすることで意識や行動に少しずつ**変化**が生まれ、いつのまにかまわりの評価も上がっていきます。先輩から“信頼できる新人”としての**ポジション**を確立することができれば、これから先に頼まれる仕事の内容が、もっとやりがいのあるものへと変わっていくでしょう。

Point!

必要な仕事を自分で見つける意識が周囲の信頼を高める

仕事を作り出す姿勢

自分で仕事を作り出そうとする姿勢が、上司や先輩からの信頼度を上げる。常に、今できることを考える。

上司や先輩から仕事を与えられている間は、判断を仰ぎ、ミスのない仕事を進めていく。しかし、仕事に慣れてきたら、自分で仕事を作り出す能力を身につけていかなければならない。このように取り組む姿勢が周囲からの信頼を集め、より大きな仕事を任される新人に変わっていく。ただし「ホウ・レン・ソウ」は欠かさず行う基本は変わらない。

第４章
まとめ

置かれた条件や環境の中から
答えを導くための手段を持つ

高い意欲を持つためにも
全体像のイメージを意識して作業する

責任は自分にあると考え
先輩の立場にも配慮した行動をとる

自分の能力とスケジュールを把握して
受けられる内容かどうかを判断する

得意先、先輩そして自分のために
できる準備を考えてのぞむ

不用意に前に出ず、会議の内容を理解し
疑問点などはあとで先輩に確認する

スキルアップの意識を大切にしながら
会社にとっての必要性を客観的に考える

上司→先輩→実行の順番で
勝手な行動をせずに迅速に対応する

できることも大切だが
やりたいという気持ちもとても大切な動機

必要な仕事を自分で見つける意識が
周囲の信頼を高める

ジャンプ編

第5章

レベルUPトレーニング

仕事をする以上はやりがいを感じたいもの。
本章では、今後仕事をしていく上で、
頼りにされ、チャンスを与えられる人材に
なるべく学んでいきましょう。

- Q41 退屈な仕事
- Q42 効率化
- Q43 仕事の成果
- Q44 優先順位
- Q45 仕事の評価
- Q46 キャリア形成
- Q47 ポテンシャル
- Q48 改善
- Q49 期待の集め方
- Q50 仕事の達成感

Question41

雑用ばかりで やる気が起きない

最近、仕事に対してどうもやる気が起きない。入社以来、雑用的な仕事ばかりで正直、うんざりしているからだ。「もっと大きな仕事をしてキャリアアップしたいのに」と思う日々。これからどうしていくべきか？

①雑用も大事だと考える

②上司にチームのビジョンや考えを聞く

③直属の上司よりも、さらに上の役職に相談する

Next page

Answer 41 雑用ばかりでやる気が起きない

正解は ▶ ①と②

○ ①雑用も大事だと考える

新人が仕事で関わる人は限られている。雑用は、さまざまな人とコミュニケーションをとれる貴重な機会だと考えよう。

○ ②上司にチームのビジョンや考えを聞く

チームの目標、姿勢を把握し、自分もそこに向かって動く。そのように実績を積むことが上司へのアピールになるのだ。

× ③直属の上司よりも、さらに上の役職に相談する

身勝手な行為であり、上司に対してあまりにも失礼。これでは、上司との人間関係が悪化してしまう。

求められていることを知る

新人の育成は会社にとって重要な課題です。だからといって、新人のために会社やチームがあるわけではありません。あまり目立たない雑用でも、誰かがやらなくてはいけないのは事実。それをまだ仕事のルールをよく知らず、実力も未知数の新人にやらせるのは当然でしょう。そこで**基本的な**仕事や職場のルールを覚えさせ、新人の能力や適性・性格などを見極め、徐々に重要な仕事を任せていくのが普通です。**今できること**にベストを尽くし、将来を見据えた準備をして布石を打っておくことが、成長へとつながるのです。

Point!

小さな仕事の積み重ねがキャリアアップへとつながる！

今やるべきことを考える

自分がすべきこととは、できることとは何か。上司のビジョンを聞き、今やるべきことを考えよう。

Question 42

効率的に仕事をするには？

入社して３か月経ち、少しずつ仕事量が増えてきた。忙しくなる中、１つの作業をするのに時間がかかる上に、やるべきことが多くてスケジュールを立てられない。どのように改善したらよい？

①仕事の中での自分の作業の位置づけを考える

②１時間早く出社して仕事を始める

③他の人に手伝ってもらうよう相談する

Next page

Answer 42 効率的に仕事をするには？

正解は ▶ ①

○ **①仕事の中での自分の作業の位置づけを考える**

全体の仕事の流れと、各作業の意味がわかれば、時間をかけるべき作業と素早く処理すべき作業の区別がついてくる。

△ **②１時間早く出社して仕事を始める**

雑用を頼んでくる先輩がいない間に、集中して仕事を進めるのも一つの手。単純に作業時間を稼げるが、限界はある。

× **③他の人に手伝ってもらうよう相談する**

新人の仕事自体が、重要な仕事の手伝いのようなもの。それを手伝う人員はおらず、単にできない奴だと思われるだけ。

業務を関連づけて捉える

入社後、新人はさまざまな業務の手伝いを指示されることでしょう。一つひとつの作業に慣れることが仕事のスタートです。これを通じて業務と業務の関わりを覚えてもらい、**仕事全体の流れ**を実戦の中でつかんでもらおうというのが、上司の意図でもあります。業務を各作業の点ではなく全体の流れという線で捉えるようにすること。そうすれば時間をかけるべき作業、スピードが大切な作業など、時間配分の要領が見えてきて、無駄がなくなり作業時間を短縮することができます。**効率化**を図り、日々の業務の**質**を高めていきましょう。

Point!

仕事を広い視野で把握し
仕事を効率化していこう！

全体を把握し仕事の流れをつかむ

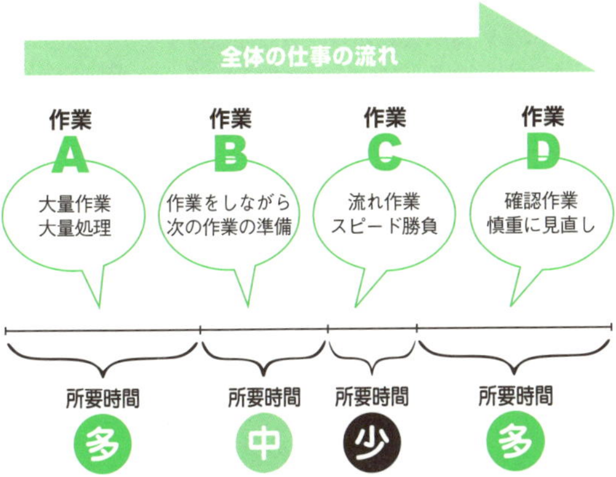
全体の仕事の流れ
作業A
大量作業
大量処理
作業B
作業をしながら
次の作業の準備
作業C
流れ作業
スピード勝負
作業D
確認作業
慎重に見直し
所要時間
多
所要時間
中
所要時間
少
所要時間
多

１つの仕事の中でも、時間をかけてもじっくりとやるべき作業か、短時間で終わらせるべき作業かを考え時間配分をする。

Question43

成果を上げていくためには？

チームの一員として、自分も成果を上げなければと思っている。そしてまわりからの評価を得て、ゆくゆくは自分がやりたかった仕事をしていきたい。そのために取るべき方法とは？

①高い目標を設定し、自分を鼓舞する

②与えられた仕事を完璧にこなす

③小さな目標を設定し、それを達成していく

Next page

Answer 43 成果を上げていくためには？

正解は ③

× ①**高い目標を設定し、自分を鼓舞する**

はなから達成できないような目標は、立てても意味がない。今の自分の能力を自覚することも大切なのだ。

△ ②**与えられた仕事を完璧にこなす**

他人が設定した目標をクリアするだけでなく、自分自身でも課題を持って主体的に行動することが成長につながる。

○ ③**小さな目標を設定し、それを達成していく**

現状よりも少し背伸びした目標を設定する。こうした成功の積み重ねが、周囲へのアピールとなるのだ。

成功を積み重ねる

成果を上げる人間になっていくために、**成功の積み重ね**をしていきましょう。最初から非常に高い目標を目指すのではなく、**目標設定**を**細かく**することでゴールを想像しやすくなり、目標に取り組みやすくなります。たとえ小さくても目標を**クリア**することは、自信になるだけでなく、仕事を楽しくさせ目標へ向かう**原動力**となるので、自分をさらなる**成長**へと向かわせることができるのです。また、挑戦と成功する癖をつけておけば、いざ困難にぶつかったときもそれに立ち向かう力が湧き、乗り越えていけるでしょう。

Point!

小さな目標達成を
繰り返すことで成長できる！

小きざみに目標を設定する

着実な目標設定と達成を繰り返し、成長していこう。

Question44

毎日仕事が忙しい。優先順位ってどうつけるべき？

最近、仕事量が多くて毎日が慌ただしく時間がない。時間を有効に使うためにうまくスケジュール管理をしたいところ。このとき、最もポイントにすべきことは次のうちのどれ？

①仕事の期限を明確にする

②個々の仕事をする日時を決める

③仕事にかかる時間を把握する

Next page

Answer 44 毎日仕事が忙しい。優先順位ってどうつけるべき？

正解は ▶ ②

× **①仕事の期限を明確にする**

期限がわかっているだけでは、手間のかかる仕事はずるずると後回しになりがちに。これでは時間の管理がしきれない。

○ **②個々の仕事をする日時を決める**

仕事を「いつやるか」がポイント。1つの仕事を作業ごとに分類して、それをやる日時を整理しよう。

△ **③仕事にかかる時間を把握する**

一日にできる仕事量を把握するだけでは、計画的に仕事を回せない。②を整理した上で、それにかかる時間を考えていく。

「いつやるか」を考える

一日にできる仕事量は限られています。そのために**スケジュール**管理はとても大切です。このとき、仕事の期限だけ押さえても、他の仕事をしているうちに期限だけがどんどん迫ってきます。やるべきことを整理し、それを**いつ実行するか**を決め、スケジュールに組み込むこと。例えば会議の資料作りなら、下調べ→内容を書く→資料の配布という流れがあります。これを作業ごとに分類し、いつやるかを管理します。慣れると処理時間も見えてきますので、**期限・実行する日時・処理時間**をふまえて、スケジュール管理をしましょう。

Point!

仕事をプロセスごとに整理して
賢いスケジュール管理をする

仕事量と実行日を踏まえたスケジューリング

前日の終業後や毎朝始業前に、その日やるべき一日のスケジュールを立てると仕事がスムーズに。

Question45

仕事の評価とは？

同期のＣ君が大きなプロジェクトのメンバーに抜擢された。自分の方が仕事ができるのになぜ？　と思っており、正直この人事に納得できていない。どのような行動を取るべきだろうか？

①どうしてなのか上司に相談する

②自分の足りない部分を考える

③自分の方がデキるとアピールする

Next page

正解は ▶ ②

△ **①どうしてなのか上司に相談する**

自分自身ではわからない客観的な意見を求めるのはよいが、反抗的な態度や上司の意見を否定するのは禁物。

○ **②自分の足りない部分を考える**

人事の結果を理不尽に感じているのは自分だけでは？ 客観的に自らを省みて、何がダメだったか分析しよう。

× **③自分の方がデキるとアピールする**

自分をアピールする前に、冷静に自分と向き合うべき。下された評価を受け止めて、課題を探そう。

評価をするのは誰か？

入社してしばらくすれば、だんだんと仕事ができるようになります。しかしそれは、仕事ができる「つもり」になっているだけではないでしょうか？ 自分が自身に下している評価は、果たして**客観的**なものでしょうか？ 仕事の評価とは、本人ではなく**他人**がするもの。そして企業では、他人に下された評価がすべてと見なされるのです。これをしっかり頭に入れておくこと。自分は評価を受ける仕事ができているのか、振り返ることが大切です。評価を冷静に受け止め、自分の現状を分析し、足りない点を補っていきましょう。

Point!

仕事は他人からの評価がすべて
自分の能力を客観視すること

自分を客観視する

自分の自信は、果たして事実に裏打ちされたものだろうか？
自分の今の能力を客観的に分析することが大切。

Question46

転職＝キャリアアップ？

仲のよかった先輩が転職を理由に退職した。自分は会社に対する不満は特にないが、転職する人を見ると、自分もした方がいいのかな、とつい考えてしまう。今後どうしていったらよいのだろうか？

①今の仕事に没頭すべき

②他の業種・職種への転職も考えて勉強する

③自分が何をやりたいのか考える

Next page

Answer 46 転職＝キャリアアップ？

正解は ①

①今の仕事に没頭すべき

転職に気を取られるのではなく、自分のやるべき仕事に集中する。今いる場でトップを目指すくらいの気持ちが大切。

---

②他の業種・職種への転職も考えて勉強する

曖昧な気持ちでは仕事も勉強も中途半端になりがち。まずは今の仕事のレベルアップに努めよう。

---

③自分が何をやりたいのか考える

社会人として、「自分が何をやりたいか」よりも「自分は何をすべきか」を考えていくべきである。

転職は解決策なのか

新入社員の３割が３年以内に退職しています。会社で働いていれば、多かれ少なかれ会社に対して不満を感じるもの。しかし、それが転職で解決できるとは限りません。まわりの人が転職するからといって、「自分も」では単純に流されているだけ。自分の成長にならないどころか、社会人として未熟な行動です。まずは今、自分が求められていることを知り、今できるベストを尽くすこと。**やりたいこと**と**求められていること**のバランスを取り、成果を上げることが、社会人としての**自立**へとつながるのです。

Point!

「どこにいるか」ではなく
「何を学び、どう成長するか」

何を求められているかを考える

自分が「やりたいこと」だけでなく「求められていること」を考え、それに応えることによりキャリアアップを図ろう。

Question47

ポテンシャルを上げるにはどうすべき？

基本的な仕事を身につけたら、次は大きな仕事にチャレンジしていきたいと思っている。仕事で活躍するためには、自分の能力を上げる必要があるはずだ。評価を上げるためにもどうしたらよいだろうか？

①自分の得意分野を考え、それをどう生かせるか考える

②自分の苦手分野を考え、それを克服する努力をする

③苦手な仕事には関わらないようにする

Next page

Answer 47 ポテンシャルを上げるにはどうすべき？

正解は ▶ ①

○ **①自分の得意分野を考え、それをどう生かせるか考える**

自分の強みは何かを問い、それを仕事に生かせる方法を考えよう。長所を伸ばすことにより、会社の利益に貢献するのだ。

△ **②自分の苦手分野を考え、それを克服する努力をする**

苦手の克服は大切。しかし、全体的なレベルの底上げより、得意を伸ばしてレベルアップする方が高い成果を望める。

× **③苦手な仕事には関わらないようにする**

苦手だからと言って、仕事から逃げるのは問題外。やるべきことをやってこその社会人なのだ。

効率のよい成果の上げ方

成果を上げて評価を得るには、自分の**強み**を生かすことが近道です。自分の得意分野を何に生かせるかを考えましょう。自分の仕事のどの部分に、どのように生かしたら**効果的**か、自分の得意分野と仕事との接点を探し、高い成果を上げることを目指すのです。自分が成果を上げれば、会社の利益になっていきます。強みを生かして会社へ**貢献**する。こうして成果を上げれば評価も得ることができる。今後の仕事のチャンスを与えられる可能性が増えてくるのです。もちろん、苦手分野の克服もおろそかにはしないこと。

Point!

自分の強みを強化し
頼られる人間になれ

自分の強みを仕事に生かす

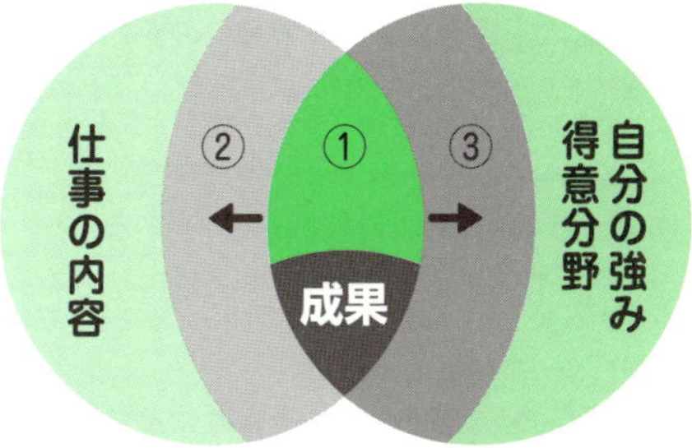
仕事の内容
②
①
③
自分の強み
得意分野
成果

目に見えた成果から考えよう

① 仕事内容と自分の強みとの接点はもっとあるのでは？と考える
② 自分の強みを伸ばすことで、さらに仕事へ生かせるようにする
③ 仕事のやり方を自分の領域に引っ張り込むことを考える

Question48

マニュアル化された仕事。変えたほうがいいのでは？

最近、在庫管理の仕事を教わった。しかし、どうもそのやり方がやりにくくて仕方がない。仕事はマニュアル化されており、一緒にやっている先輩はそつなくこなしている。一体、どうしたらよいのだろうか？

①先輩に、どうしてやりづらいのかと相談する

②早く仕事を覚え、慣れる努力をする

③やりづらい理由と対処法を考える

Next page

Answer 48 マニュアル化された仕事。変えたほうがいいのでは？

正解は▶③

×

①先輩に、どうしてやりづらいのかと相談する

今のやり方に慣れている先輩にとっては、これが当たり前。やりづらい理由は自分で考え、やりやすい方法を提案しよう。

△

②早く仕事を覚え、慣れる努力をする

仕事を体に叩き込んで、無理にでも慣れさせるのも一つの手。だが、せっかく疑問に思ったのなら、そこを追求すべき。

○

③やりづらい理由と対処法を考える

やりづらいということは何かしらの原因があるから。なぜそう思うのかだけでなく、「どうすればいいか」を考えよう。

改善提案を出す

長年仕事をしていくと、今のやり方や考え方を当たり前のものと思い、視野が狭くなりがちです。そこで活躍するのが新人の意見。固定観念に縛られていない新人ならではの疑問は、会社にとって**新鮮**であり、会社が新人に**期待**している点でもあります。たとえマニュアル化されたことであっても、よりよい**改善案**があるならば提案すべき。そこに気がつけるのが新人ならではの視点なのです。「おかしいな」と思ったらそのままにせず「どうしたらよくなるのか」を具体的に考え、わかりやすい説明を加え、提案していきましょう。

Point!

新人ならではの視点で
旧態への改善提案を！

わかりやすくソフトな改善提案を

どうすれば業務がやりやすくなるか。先輩たちとぶつからないように、疑問やおうかがいの形でソフトに提案してみよう。

Question 49

注目される人間になるには どうすべき？

仕事のチャンスを与えられて活躍するために、上司に自分の存在をアピールしたいと思っている。では、一目置かれる人間になるにはどうすべき？

①飲み会などの幹事を率先してやる

②与えられた仕事で期待以上の結果を出す

③新しい企画を頻繁に提案する

Next page

Answer 49 注目される人間になるにはどうすべき？

すべて正解

○ **①飲み会などの幹事を率先してやる**

面倒な幹事役を引き受け、大人数をまとめる姿を見せる。コミュニケーション力があるとアピールできる。

○ **②与えられた仕事で期待以上の結果を出す**

言われたことをこなすだけに終わらず、必ず上司の期待以上の結果を出すこと。これが大きな差となるのだ。

○ **③新しい企画を頻繁に提案する**

自分は考える人間であること、積極的な行動ができる人間であることをアピールできる。

信用を得る人間になれ

新人はまだまだ大きな仕事を任せられる存在ではありません。目指すべきは、今後チャンスを**与えられる**存在になることです。まずは周囲から**信頼**される存在になりましょう。相手の期待を超えるクオリティーの高い仕事。人をまとめるコミュニケーション力。発想力や行動力。与えられた仕事をこなす以外の要素を**プラス**することにより、信頼される人間になりましょう。大きな仕事をしたいなら、まずは「こいつに任せてみようかな」と一目置かれる存在になり、チャンスを与えてもらえるようになることです。

Point!

日々の仕事の積み重ね＋αで
チャンスを与えられる存在になれ

プラス要素を心がける

“期待通り”ではなく、プラスαの力を加えて、周囲からの期待を超える働きをしよう。

Question 50

仕事の達成感と仕事の大きさは関係あるか？

入社して半年が経ち、仕事にもだいぶ慣れてきた。そんなとき、ふと「仕事をする意味とは何だろう?」と考えて、悩んでしまった。仕事のやりがいを自分の中で、どこに置くといいのだろうか?

①できなかったことができるようになること

②上司にほめられること

③仕事の規模の大きさや注目度

Next page

Answer 50 仕事の達成感と仕事の大きさは関係あるか？

正解は ▶ ①

○ **①できなかったことができるようになること**

自分はできないと思っていたことができたとき、人は大きな達成感を感じるもの。特に新人にとっては、自身の成長がはげみになる。

△ **②上司にほめられること**

上司の評価は会社でのステップアップにおいて重要。では、ほめられなかったら、やる気をなくしてよいものだろうか？

× **③仕事の規模の大きさや注目度**

新人が大きな仕事を任されることはまずなく、現実的ではない。まずは仕事を覚え、自身を成長させよう。

自分への動機づけ

日常の業務に追われていると、「ありふれた仕事ばかりじゃつまらない。やりがいや達成感を感じられない」と思う人は多いのではないでしょうか。しかし、誰もが目立った大きな仕事を任されるわけではなく、ましてそれを新人が望むのは難しいものです。現実的な動機を持ち、やる気を起こしましょう。新人に大切なのは、いかに自分の成長を実感できるかということ。「ありふれた仕事」かどうかは関係ありません。今後もチャレンジと努力を続け、自らを成長させることにより、重要な仕事を任せられるようになりましょう。

Point!

できなかった仕事ができたとき
成長の喜びを感じよう！

自分の成長を実感する

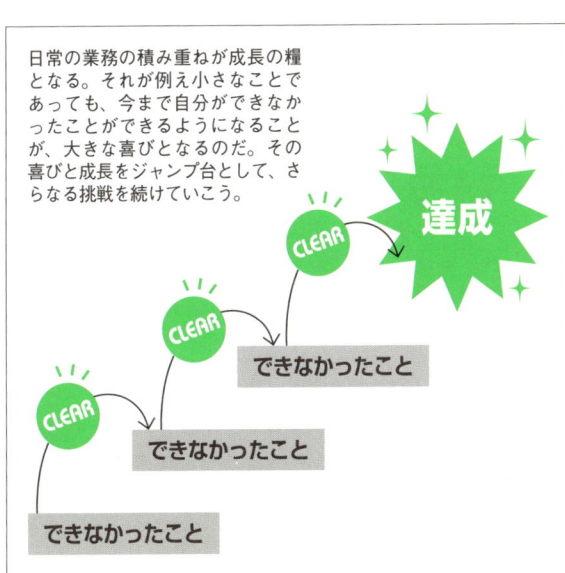

日常の業務の積み重ねが成長の糧となる。それが例え小さなことであっても、今まで自分ができなかったことができるようになることが、大きな喜びとなるのだ。その喜びと成長をジャンプ台として、さらなる挑戦を続けていこう。

第５章 まとめ

小さな仕事の積み重ねが
キャリアアップへとつながる！

仕事を広い視野で把握し
仕事を効率化していこう！

小さな目標達成を
繰り返すことで成長できる！

仕事をプロセスごとに整理して
賢いスケジュール管理をする

仕事は他人からの評価がすべて
自分の能力を客観視すること

「どこにいるか」ではなく
「何を学び、どう成長するか」

自分の強みを強化し
頼られる人間になれ

新人ならではの視点で
旧態への改善提案を！

日々の仕事の積み重ね＋αで
チャンスを与えられる存在になれ

できなかった仕事ができたとき
成長の喜びを感じよう！

〈監修〉

池谷　聡（いけがやただし）

早稲田大学理工学部卒業後、リクルート入社。営業を経て、高校生・大学生などに対するキャリア教育などに関わる。2004年、「企業内人財開発」と「学校教育」の事業領域において人材教育サービスを提供する株式会社ウィル・シードに入社。学校教育事業責任者として、全国の小学校から高校の「総合的な学習の時間」のカリキュラム開発、提供、実施を行う。大手企業300社以上に研修プログラムが採用され、毎年4～5月で約2万人の新入社員に研修を提供する同社において研修開発責任者を務め、セミナー講師や企業の講演会も多数。個人のキャリアをマクロ的視点から分析。ユニークなカリキュラムを提案し、高い研修評価を得ている。
著書に『ゆとり社員の処方せん』（朝日新聞出版）。日経ビジネスアソシエonline「ゆとり世代との付き合い方」連載など。

株式会社ウィル・シード（http://www.willseed.co.jp/）

編集協力　秋元志保（シー・ブルーム株式会社）

イラスト　村林タカノブ、橋本ポンセ
編　　集　泉元千乃、西條盛雄、千秋広太郎（STUDIO DUNK）
デザイン　加藤美保子、山田素子（STUDIO DUNK）
制作進行　柏倉英司（STUDIO DUNK）

データ協力　株式会社ウィル・シード、三菱UFJリサーチ&コンサルティング株式会社、
株式会社東邦銀行、NTTレゾナント株式会社（順不同）

ビジマル

一歩先を行く！ 新人力トレーニング

2009年4月1日　初　版　第1刷発行

監　　修　池　谷　　聡
発 行 者　斎　藤　博　明
発 行 所　ＴＡＣ株式会社　出版事業部
（ＴＡＣ出版）
〒101-8383 東京都千代田区三崎町3-2-18
西村ビル
電話 03（5276）9492（営業）
FAX 03（5276）9674
http://www.tac-school.co.jp
印　　刷　株式会社　光　邦
製　　本　東京美術紙工協業組合

ISBN 978-4-8132-3184-4

TAC出版の書籍に関するご案内

TAC出版

書籍のご購入

1. 全国の書店・大学生協
2. TAC各校 書籍コーナー
3. インターネット

TAC出版書籍販売サイト
Cyber Book Store
http://bookstore.tac-school.co.jp/

4. TAC出版（注文専用ダイヤル）

携帯・PHS OK 0120-67-9625 ［土・日・祝を除く 9:30〜17:30］
※携帯・PHSからもご利用になれます。

刊行予定、新刊情報などのご案内

TAC出版
03-5276-9492 ［土・日・祝を除く 9:30〜17:30］

ご意見・ご感想・お問合わせ

1. 郵　送　〒101-8383 東京都千代田区三崎町3-2-18
TAC株式会社 出版事業部 宛
2. FAX　03-5276-9674
3. インターネット

Cyber Book Store
http://bookstore.tac-school.co.jp/
トップページ内「お問合わせ」よりご送信ください。

（平成20年9月現在）